社会治理实践探索

梅文娟　著

哈尔滨出版社
HARBIN PUBLISHING HOUSE

图书在版编目(CIP)数据

社会治理实践探索 / 梅文娟著. — 哈尔滨 : 哈尔滨出版社, 2021.1

ISBN 978-7-5484-5824-1

Ⅰ. ①社… Ⅱ. ①梅… Ⅲ. ①社会管理—研究—中国 Ⅳ. ①D63

中国版本图书馆 CIP 数据核字(2021)第 014763 号

书　　名: **社会治理实践探索**
SHEHUI ZHILI SHIJIAN TANSUO

作　　者: 梅文娟　著
责任编辑: 姚春青　滕　达
责任审校: 李　战
装帧设计: 中图时代

出版发行: 哈尔滨出版社(Harbin Publishing House)
社　　址: 哈尔滨市香坊区泰山路 82-9 号　　**邮编:** 150090
经　　销: 全国新华书店
印　　刷: 河北文盛印刷有限公司
网　　址: www.hrbcbs.com　　www.mifengniao.com
E - mail: hrbcbs@yeah.net
编辑版权热线: (0451)87900271　87900272
销售热线: (0451)87900202　87900203

开　　本: 710 mm×1000 mm　1/16　　**印张:** 12.5　　**字数:** 200 千字
版　　次: 2021 年 1 月第 1 版
印　　次: 2021 年 1 月第 1 次印刷
书　　号: ISBN 978-7-5484-5824-1
定　　价: 60.00 元

目　录

第一章　社会治理概论

纵观人类发展的历史进程表明，不断探索和优化国家、市场、社会三者之间的关系，合理配置公共资源、有效处置社会公共事务，是人类谋求发展进步的一项共同任务。在此过程中，理论学术研究和实践操作相互借鉴、相互促进，不断形成了具有时代特征、内涵各异的新型知识体系和实践模式。从理论上看，西方"治理"理论是社会治理的重要理论来源。只有明晰治理理论的核心内涵，才会对社会治理做出合理的界定和解释。本章从中西互释的视角出发，对治理及社会治理的国内外理论思想进行比较全面的综述，为新时期我国构建社会共建共享治理新格局提供理论依据。

第一节　治理理论的内涵

一、治理在西方的复兴

治理概念最早起源于希腊语(Kybernan)与拉丁语(Gubernare)，都包含着领航、掌舵或指导的意思。而现代治理概念的产生与发展，与传统政治经济发展模式以及传统政治经济理论的危机密切相关。20 世纪后半期以来，随着市场经济的发展和新技术革命的出现，社会经济迅速发展，利益格局逐步趋向多元化，社会公共领域逐步形成，人们的自主意识日益增强。与此同时，面对全球性经济社会转型，各个民族国家的传统政治与经济体制都出现了不同程度的危机，主要体现在"市场失灵"与"政府失灵"上：作为一种有效的资源配置方式，市场经济曾经非常有力地推动了各国乃至全球的经济发展，但内生于市场自身的潜在的无序性使其难以应对由此产生的大量社会问题。在这种情况下，第二次世界大战后一度兴起的政府对经济与社会事务的干预，虽然在一定程度上弥补了市场的缺陷，但同时政府对社会经济干预的增强也造成了国家对社会与经济领域的"入侵"，反而造成了新的经济社会问题。正是在这种“市场失灵”与“政府失灵”并存的双重窘境下，资本主义社会出现了空前的社会危机。这种危机直接导致了“合法性危机”，由此也促成了20世纪后半期的新自由主义政策转向。要有效地解决各种社会、经济问题，民族国家的管理者就必须在政府与市场之外寻求新的解决方式。由此，作为与传统的“统治”(Government)概念相对应的概念范畴，“治理”(Governance)开始被世界银行等国际或国家组织所采纳，并被广泛应用到政治、经济以及社会等各个领域。如1989年世界银行在其报告《撒哈拉以南非洲：从危机到可持续增长》中首次使用“治理危机(crisis in governance)”一词，该报告认为非洲发展问题反复出现的根源是“治理”的危机，认为非洲地区首要的是创造“多元制度结构”的“政治革新”，并提出“善治”的改革目标，即“一种有效率的公共服务，一种独立的司法体制以及履行合同的法律框架；对公共资金进行负责的管理；一个独立的、代议制的立法机构负责公共审计机关；所有层次的政府都要遵守法律、尊重人权；多元化的制度结构及出版自由”。该报告所提出的“治理危机”关注合法性、参与、多元主义、新闻自由和人权等。在同一份报告里，世界银行对非洲国家的结论是：“要产生效果，非洲国家的治理就必须进行彻底的系统重建，这就意味着有效地加强各种利益集团——不仅是基层、社群和妇女组织，而且是专业协会和工商业协会及其他中介的私人自愿组织。”这说明，治理问题亦涉及国家和社会的关系领域，开始强调公共行政与管理在非政府方面的特性。而这份报告的产生，也标志着传统统治与现代治理之间的分水岭，人类社会以“政府以及它的行为”为鲜明特征的“统治”时期开始走向以“政府与社会之间伙伴关系”为特征的“治理”新时期。

治理在西方的普及，也根源于因信息社会而伴随的全球化进程和西方福利国家的管理危机，以及自由市场和等级官僚制引发的调节机制危机，社会因大幅度的深层分工与整合而出现的众多社会组织集团。正是由于如此的社会现象与整体环境的推动，西方学术界才努力探讨“治理”一词的内涵，并试图建构一套系统的治理理论。以库伊曼为主要代表的部分欧洲学者，面对国家权威的逐渐解构、民间势力的崛起与日益严重的“难以治理性”问题，采用“复杂性”“动态性”与“多样性”三方面的加剧来分析欧洲国家与社会关系的新转变，并称之为朝向社会倾斜之新治理时代。于是20世纪90年代以来，治理理论成了国内外政治学、行政学等诸多学科中最前沿热门的研究话题，也成为传统公共行政学关于政治行政二分、效率和价值关系等问题剧烈争议的有力应对，成为一种全新的公共行政（公共管理）范式。同时，在实践上治理理论被广泛运用于当代各国的政治和行政改革，一些国家还提出“更少的统治，更多的治理（Less Government，More governance）”这样的口号。

二、治理概念的多种解释

自20世纪90年代西方学术界出现“治理”一词以来，被广泛应用于政治学、社会学、经济学、法学等领域，学者和相关机构特别是政治学家和政治社会学家，对治理做出了各种界定，真可谓五花八门，以至于呈现“治理是个筐，所有东西往里面装”的情景。正如有些学者所指出的，“治理成为一个缺乏完好定义和滥用的时髦概念”；“治理可以指很多事情，它可以是一个流行词汇，一种时尚，一种框架设计，一个联结各学科的、伞状的、描述性的并且模糊的概念，一个空洞的符号，没有清晰的边界，容易导致混淆和难以捉摸。为了对治理的内涵和本质有一个总体性的了解和把握，本书选择以下具有代表性的治理定义加以阐释：

全球治理理论的主要创始人之一罗西瑙在其代表作《没有政府的治理》和《21世纪的治理》中将治理定义为：一系列活动领域里的管理机制，它们虽未得到正式授权，却能有效发挥作用；治理与统治不是同义语，治理与统治存在重大区别，与统治不同，治理指的是一种由共同的目标支持的活动，这些管理活动的主体未必是政府，也无须依靠国家的强制力量来实现。他说与统治相比，治理是一种内涵更为丰富的现象。它既包括政府机制，同时也包括非正式、非政府的机制，随着治理范围的扩大，各色人等和各类组织得以借助这些机制满足各自的需要并实现各自的愿望。西方治理理论的代表人物之一罗茨列举了六种关于治理的定义及其应用领域，它们分别是：①作为最小国家的管理活动的治理，它指的是国家削减公共开支，以最小的成本取得最大的效益。②作为公司管理的治理，它指的是指导、控制、监督企业运行的组织体制。③作为新公共管理的治理，它指的是将市场的激励机制和私人部门的管理手段列入政府的公共服务。④作为善治的治理，它指的是强调效率、法治、责任的公共服务体系。⑤作为社会控制体系的治理，它指的是政府与民间、公共部门与私人部门之间的合作互动。⑥作为自组织网络的治理，它指的是建立在信任与互利基础上的社会协调网络。罗茨特别强调治理是指自组织、组织间网络,并主张这些网络,作为治理结构,补充了市场与官僚制组织,以实现权威性分配的资源及行使控制与协调。

表 1-1 罗茨关于治理模式与市场模式和政府科层模式的特征比较

	市场模式	政府科层模式	治理网络模式
基本关系	契约和财产权	雇佣关系	资源交换
依赖性程度	独立	依赖	相互依赖
交换媒介	价格	权威	信任
冲突解决和协调的方式	讨价还价和法院	规则和命令	外交式斡旋
文化	竞争	从属与服从	交互作用

资料来源:翁士洪、顾丽梅:《治理理论:一种调适的新制度主义理论》,南京社会科学,2013年第7期

西方学者格里·斯托克在对全球治理概念进行梳理和审读的基础上,总结指出:"审读有关文献,得出的结论一般表明这个词——治理,有种种用法,也有种种意思。但有一基本相同之处:治理所指,是统治方式的一种新发展,其中的公私部门之间以及公私部门各自的内部的界限均趋于模糊。治理的本质在于,它所偏重的统治机制并不依靠政府的权威或制裁。治理的概念是,它所要创造的结构或秩序不能由外部强加;它之发挥作用,是要依靠多种进行统治的以及互相发生影响的行为者的互动。"并就作为一种理论的治理提出五种主要的观点:①治理意味着一系列来自政府但又不限于政府的社会公共机构和行为者。②治理意味着在为社会和经济问题寻求解决方案的过程中存在着界限和责任方面的模糊性。③治理明确肯定了在涉及集体行为的各个社会公共机构之间存在着权力依赖。④治理意味着参与者最终将形成一个自主的网络。⑤治理意味着办好事的能力并不仅限于政府的权力,不限于政府的发号施令或运用权威。我国研究治理理论的权威学者俞可平教授认为,"治理一词的基本含义是指在一个既定的范围内运用权威维持秩序,满足公众的需要。治理的目的是在各种不同的制度关系中运用权力去引导、控制和规范公民的各种活动,以最大限度地增进公共利益"。

从上述内容可见,当前国内外学术界对治理具有各自不同的解释,尚未达成统一明确的治理概念,但在此过程中,全球治理委员会提出的治理概念具有权威性和代表性。该委员会在《我们的全球之家》的研究报告中对治理做出如下界定:"治理是各种公共的或私人的个人和机构管理其共同事务的诸多方式的总和。它是使相互冲突的或不同的利益得以调和并采取联合行动的持续的过程。它既包括有权迫使人们服从的正式制度和规则,也包括各种人们同意或以为符合其利益的非正式的制度安排。它有四个特征:治理不是一整套规则,也不是一种活动,而是一个过程;治理过程的基础不是控制,而是协调;治理既涉及公共部门,也涉及私人部门;治理不是一种正式的制度,而是持续的互动。"民营化、分权化、合作化、高效化、民主化等是治理的核心关键词。

三、治理的基本特征

从对象来看,治理具有广泛适用性,包括国家、公共组织、私人机构及社会个人等各种活动主体之间的关系。综合诸学者的论述可见,治理与统治虽有一定的联系,更存在较大的区别,典型的治理具有如下基本特征:

一、治理的主体未必是政府,也无须依靠国家的强制力量来实现。治理作为一种政治管理过程,也像政府统治一样,需要权威和权力,最终目的也是维持正常的社会秩序,这是两者的共同之处,但与统治不一样的是,统治的主体一定是公共机构,权威必定是政府,而治理指的是一种由共同的目标支持的活动,虽然需要权威,但这个权威并非一定是政府机关,而治理的主体既可以是公共机构,也可以是私人机构,还可以是公共机构和私人机构的合作;治理是政府与非政府的合作,公共机构与私人机构的合作,强制与自愿的合作,这些管理活动虽未得到正式授权,却能有效发挥作用。

二、强调国家与社会的合作,模糊了公共领域与私人领域的明确界限,而更加强调国家对社会的依赖关系。统治基本上局限在社会公共领域,所关联的对象是一种二元对立式的国家与民众。而作为政府管理模式的治理却与市场、社会自治组织、社会中介组织、社会独立组织等具有许多联系。由于现代社会国家正在把原先由它独自承担的责任转移给社会,即各种私人部门和公民自愿性团体,后者正在承担越来越多的原先由国家承担的责任。这样,国家与社会之间、公共部门与私人部门之间的界限便日益变得模糊不清，治理理论亦应运而生。

三、治理是一个上下互动的管理过程，它强调管理对象的参与。统治的权力运行方向是自上而下的，它运用政府的政治权威，对社会公共事务实行单一向度的管理。而治理则是一个上下互动的管理过程，它主要通过合作、协商、伙伴关系进行。

四、治理还意味着管理方式和管理手段的多元化。统治的典型模式是运用发号施令来达成目标。而治理模式则认为办好事情的能力并不仅限于政府的权力，在公共事务的管理中，还存在着其他的管理方法和技术，政府应该运用各种可行的办法来达到公共事务的良好管理。

第二节　社会治理的特征

一、社会治理的概念

对中国而言，“治理”是来自西方的一个舶来品，长期以来，我们采用的是统治、管理或社会管理的概念，但党的十八届三中全会首次从国家战略的高度，对治理思想做出了具有中国特色的解释，提出“完善和发展中国特色社会主义制度，推进国家治理体系和治理能力现代化”是我们全面深化改革的总体目标。在此基础上，党的十八届五中全会通过的《中共中央关于制定国民经济和社会发展第十三个五年规划的建议》进一步指出“构建全民共建共享的社会治理格局”。这是对社会治理思想认识上的再次升华，也是探索实现中国社会治理现代化的指导思想和实践路径，即唯有确立并调动广大人民群众的主人翁意识和主体地位，调动全体人民共同参与、共同创造、共同建设的积极性和内在动力，才会实现让所有全体人民共同享有经济发展成果的全面小康社会。随之，社会治理成为我国学术研究的一个热点问题，但由于受西方思想的影响，国内对社会治理的概念尚未达成统一的共识与概念。因此，批判吸收西方治理的核心内涵，结合中国文化和国情，界定社会治理的基本概念，是创新社会治理的基础和前提。对此，我国学者王浦劬在辨析国家治理、政府治理和社会治理三者关系的基础上，对社会治理做出了一个具有中国特色的概括，即社会治理是指在执政党领导下，由政府组织主导，吸纳社会组织等多方面治理主体参与，对社会公共事务进行的治理活动，是以实现和维护群众权利为核心,发挥多元治理主体的作用,针对国家治理中的社会问题,完善社会福利,保障改善民生,化解社会矛盾,促进社会公平,推动社会有序和谐发展的过程。本书对社会治理的界定,主要借鉴这一基本概念,即社会治理就是在中国共产党的统筹和领导下,充分发挥政府、市场、社会三个领域的各自优势,通过共商共议、共建共享、共治自治等方式,有效化解制约社会和谐的诸多社会问题和矛盾,从而构建富有活力、包容、公平、和谐的社会秩序的动态过程。

二、社会治理的基本特征

(一)多主体共建共治共享

全球治理委员会的“治理”概念和特征表明,治理是各种公共的或私人的个人和机构管理其共同事务的诸多方式的总和,既涉及公共部门,也涉及私人部门。这表明,从主体结构来看,政府并不是社会治理的唯一主体,企业、社会组织、民众、媒体等都会成为重要的主体成员,在不同领域和不同范围内,以不同的方式协同参与,共同解决公共事务和社会问题。这也预示着在未来中国公共服务供给和公共事务管理中,政府并不会大包大揽,而是积极引导和发挥市场、社会等多元力量,通过共建、共治、共享的方式,协同推动社会发展与进步。但需要指出的是,在中国体制和文化语境下,各级党组织始终是社会治理中一个十分重要的主体,始终发挥着统揽全局和指挥引领的作用,这也是与西方社会治理的一个重要区别所在。

(二)治理手段和治理方式的多元化

从方式和手段上看,社会管理强调的是政府主要依靠科层制的行政审批、行政命令等方式,采用自上而下的方式,进行资源配置和解决社会问题,可以说是以政府为单一中心的管理模式。社会治理则不同,在治理方式上,除了依赖传统的行政控制、法律手段等正式制度安排外,更要强调利用经济手段、社会自组织、道德教育等手段,采用非正式的协商、对话、妥协、合作、互动等协调方式,在“多中心”体系下,更加有效地配置社会资源,解决不同范围和不同领域的社会问题。当然,这需要相应的配套制度加以保障,否则依然无法避免“各自为政、部门导向”的单向治理和做法,难以构建网络化协同治理的大格局。

(三)治理目标突出"有序、活力、公平、包容"的结果导向

传统的社会管理思维,主要依赖政府强大的行政权力,对广大企业、社会组织和民众实行管控,防止社会发生动乱,片面地强调维护社会稳定,结果往往就是出现"一管就死、一放就乱"的历史怪圈,社会缺乏应有的活力,很难真正推动社会的文明与进步。更重要的是,传统单项的社会管理很难照顾到弱势群体的基本权益,不同群体之间的不平等较为明显,在诸多领域存在大量的社会排斥现象。而社会治理则是从多元主体之间平等、对话、协作的理念出发,既要有一个有能力、有责任的公共服务型政府对社会政策做出顶层设计和总体部署,更要鼓励和引导广大的企业组织、社会组织、民间自治组织、个人等,在合法的前提下,参与社会公共事务,创新创造,激发社会活力,实现既有秩序又有公平和活力的和谐社会;更能有效保护弱势群体和社会底层民众的基本权益,城乡之间、区域之间、不同群体之间的不平等问题得到有效的缓解,形成社会包容性发展的良性运行格局。

三、社会治理的主要手段

与传统社会管理主要采取行政手段的特点相比较,社会治理最显著的特点就是治理手段的多元化。只有通过多元并举,才能促进社会的和谐、文明与进步。具体而言,主要包括如下几大治理手段:

(一)行政手段

中国是一个人口众多、地域广阔的发展中大国,当前正处于经济社会深度转型、经济中高速发展的新常态时期,行政强制手段在处理经济社会问题中仍具有十分重要的作用。这一点从 2008 年全球金融危机后西方国家暴露的监管弊端可以看出,即便属于市场经济,仍无法离开政府的行政调控作用。充分发挥市场在资源配置中的决定性作用,更好地发挥政府作用,既体现了中国特色,更体现了中国智慧。这也决定了社会治理首先需要采取的手段,依然是行政强制措施,即指行政机关在行政管理过程中,为制止违法行为、防止证据损毁、避免危害发生、控制危险扩大等情形,依法对公民的人身自由实施暂时性限制,或者对公民、法人或者其他组织的财物实施暂时性控制的行为。

（二）法律手段

由于受长期封建主义的影响，“人治”观念，“一言堂”、个人独断专行的现象经常发生，党和国家的重大问题不是通过法定程序来解决，往往由个人或少数人决定，以人代法，造成严重后果。而现代社会治理，强调的是全面实行依法治国，建立法治政府、法治社会，任何组织与个人都不能凌驾于宪法和法律之上，党和政府注重依宪执政、依法执政，公民个人养成遵纪守法和用法律途径来维护合法权益与解决问题的良好习惯，全社会形成“全民信法、全民守法”的社会氛围。

（三）经济手段

社会治理中采取经济手段，主要包括两个层面：一是针对行政机关、垄断行业、社会组织、文化教育等公共服务领域，全国范围内集中力量解决企业和个人群众反映的各种乱收费行为，狠刹乱收费不正之风，从根本上减轻人民群众负担，树立社会发展的正面风气。二是面对交通拥堵、生态污染、公共服务供给等社会治理领域，除了适度采用罚款手段外，要积极探索有效的财税激励措施、市场交易、政府购买服务等经济手段，激发民众主动参与社会公共事务治理的内生动力。

（四）道德手段

法律和道德，是古往今来一个永恒的话题，两者彼此区别又不可分割，都是国家治理、社会运行不可或缺的重要手段。坚持法治与德治相结合，是对古今中外治国经验的深刻总结。因此，现代社会治理在强调法治的同时，更注重挖掘中国优秀传统文化思想，与社会现实紧密结合，转化性应用、创造性发展，发挥道德的感化教育作用，加强社会公道、职业道德、家庭美德、个人品德建设，培育和践行社会主义核心价值观，提高全社会文明程度，引导全社会崇德向善，自觉维护社会秩序。

（五）科技手段

移动互联网、云计算、大数据、物联网等现代科技，已经成为当今社会的重要组成部分，对政府治理模式、经济运行模式、生产方式、生活方式和思维方式正在产生着颠覆性的影响。任何一个经济行业和社会治理领域，必须得考虑现代互联网技术带来的机遇和挑战。根据现代科技发展及应用趋势看，移动互联网、大数据、云计算等技术，必将成为社会治理必不可少的工具和手段，在实现社会治理智能化的同时，全方位改善公共服务的效率、能力和水平。

四、社会治理的方式

由于环境和社会事件的复杂性、关联性和不确定性，任何一个社会治理主体，都无法具备解决上述复杂社会问题所需的全部知识、工具、资源和能力。以政府为单一管理主体的管理模式，也无法全方位主导复杂的社会治理活动，且一定程度上存在着治理高成本、低效率和低社会响应的现实缺陷。因此，实现社会功能的优化和社会治理效益的倍增，需要多元化社会主体在复杂的活动中高度协同，建立社会治理的协同机制，采取由多中心、网络化、协同式、自组织等为特征的多样化治理方式，以顺应社会发展和不断变革的新趋势、新挑战，实现社会治理的自组织秩序。坚持系统治理、依法治理、综合治理、源头治理是党的十八届三中全会提出创新社会治理体系的重要治理方式。笔者以为，现代社会治理主要采取如下几种治理方式：

（一）政社互动参与式治理

即重点强调政府治理和社会自我调节、居民自治良性互动，关键在于建立健全公众参与的渠道和机制，尊重广大社会民众特别是弱势群体在公共政策制定中的利益诉求，探求社会组织、社区、社会工作者之间的联动，促进公众和政府之间的互动与博弈、妥协与协同，促进公共决策的科学化、民主化水平，最大程度地满足广大民众的多元需求，稳步改善民生，增加民众的获得感和归属感。

（二）公私合作伙伴式治理

主要是面对社会日益提升的公共服务需求与政府有限供给能力之间的矛盾，积极转变政府职能，通过政府购买服务、特许经营、社会企业等方式，吸纳市场组织、社会组织、非营利组织和社会资本参与公共服务的供给和公共事务的治理，扩大社会公共服务的有效供给，降低服务成本，提高公共服务效率和质量，全面构筑公共组织和社会组织的伙伴关系，共同处理社会发展面临的服务需求与公共事务。

（三）多部门协同整体治理

这是 20 世纪 70 年代以来，随着现代互联网技术在政府治理中的应用，在世界范围内出现一种最新治理变革方式。就是在公私领域治理边界不断模糊的同时，政府内部的相关职能部门之间也并不是泾渭分明、互无关系，而是要借助互联网技术，打破“数字壁垒”和“信息孤岛”，实现政府部门数据互联互通、数据开放、共建共享，实现多部门之间的无缝衔接和整体性治理，提升政府综合治理能力和水平。

（四）基层社区化自治共治

资源、服务、管理放到基层，使基层有职有权有物，更好地为群众提供精准有效的服务和管理。通过社区自治、共治、法治“三治合一”的模式，构建起人人都在自治中、人人都在共治中、人人都在法治中的和谐社区，有效化解社会治理难题；尊重群众主体地位，尊重群众意愿，让社区居民都当“主人翁”，切实发挥好基层党组织的战斗堡垒作用和党员干部的先锋模范作用，通过真情为民服务赢得民心，尽心尽职取信于民，凝聚起共建美好家园、共享发展成果的强大合力。

五、社会治理的目标

根据社会治理的概念，社会治理的主要目标就是化解社会矛盾、维护社会安全稳定、激发社会活力，促进社会公平公正与和谐文明。如果从社会学的观点来看，社会治理重点应该追求以下四个目标：

（一）保障和改善民生，让百姓过上幸福美好的生活

习近平总书记在谈及加强和创新社会治理时，强调关键在体制创新，核心是人。“核心是人”的深层含义，是“把社会管理寓于为群众服务之中”，最大程度地满足民众和社会需求，最大限度地让民众和社会组织参与到城市治理中来。从这个意义而言，努力聚焦社会民生问题，加大公共财政投入，改革公共服务供给方式，满足人民群众多元、多层次的服务需求，让百姓过上幸福美好的生活，是创新社会治理的出发点和落脚点，某种意义上也是一个终极目标。

（二）促进社会结构和功能优化

技术进步和经济方式的转型，需要具备相适应的性别结构、年龄结构、职业结构、收入分配结构、阶层结构、城乡结构等在内的社会结构体系，但不合理、不科学、过于失衡的结构，将对整个社会的发展带来威胁。创新社会治理就是要从当今信

息网络社会这一完全不同于传统社会形态的现实出发，紧跟人类经济创新发展的步伐，努力构建有助于经济增长、社会弹性发展的政策，防止社会内部结构的失衡，回复或优化社会结构的功能，维护社会生活在相对有序的轨道和均衡状态中运行，防止自然灾害、人为事故等紧急重大事件对社会系统的毁灭性打击。

(三)促进社会关系和谐包容

人是社会的核心，只有人与人和谐相处，社会才会安定有序。在当今全球化、网络化的新时代下，采取有效的社会政策和手段，处理好极其多元、复杂的社会利益关系，尽可能地减少不同群体之间的矛盾或冲突，尤其是处理好官员和民众、穷人和富人、城里人和农村人、外地人和本地人、健康人和残疾人之间的关系，让所有人共享国民经济增长和社会发展的成果，提升社会的包容性、公平性和公正性，是社会治理面临的重大任务，更是目标。

(四)激发社会活力与动力

社会活力是各社会治理主体基于社会实践活动，通过社会互动，焕发出来的创造力、持续力、生命力的总称。社会活力是推动社会发展的内在动力，社会交往亦是社会进步的重要动力。我国正处于经济中高速增长、结构优化的新常态时期，“创新、协调、绿色、开放、共享”新发展理念成为主导趋势，创新创业成为推动经济社会不断发展的不竭动力。因此，创新社会治理，就是要彻底改变政府过多控制经济社会的做法，让部分政府职能由社会组织接盘，激发社会组织参与社会治理的活力。同时也要加强对社会民众和基层社区的赋权，提升社会自我组织、自我管理的动力和活力。

六、社会治理的本质

社会治理是治理思想在社会领域当中的应用，以便采取治理方式，以实现解决社会问题、促进社会和谐与社会发展的目的。根据西方国家的社会治理改革实践，笔者认为，社会治理是社会转型时期一项涉及执政理念、权力配置、运行模式、社会需求等核心要素的协同策略与综合方法，具有以下几点本质：

(一)从执政理念看

社会治理是政党执政理念更趋包容性、积极性、参与性的调整与转型。欧美国家改革的实践表明,国家政党是推行创新社会治理的主导者,其首要目的是顺应社会发展要求,增强公共政策的适应性,巩固已有的社会政治统治地位。社会治理反映了各类执政党执政理念的转型重塑:首先,强调应对社会多样化的包容性理念。20世纪90年代以来,欧美国家的一些执政党不断改装或更新自己,如1992年欧洲执政的社会民主党、工党、社会党等联合成立的欧洲社会党,以及英国的"新工党"和德国"新中间派"等,都强调自己是一个具有全民性质、代表全社会利益的党,能够为社会各阶层和群体接受的党。这充分表明,政党始终充当着西方国家社会治理的积极推动者,旨在采取更加开放、更加包容的执政理念,吸纳社会各种力量,兼顾所有阶层的共同利益,全面应对社会阶层、社会利益、生活方式、价值观、社会文化的多样化发展,以保持政党地位,推动社会和谐稳定。其次,强调应对风险社会的积极性理念。20世纪70年代以来,西方国家原来给每个国民提供安全保护伞的福利制度普遍面临"国家提供的福利越多,发生'道德公害'的概率越大,越容易产生新风险"的悖论,为此纷纷树立"积极福利"的新理念,社会改革目标强调机会平等而不是结果的平等,采取减少政府救济范围和水平、鼓励人们积极工作、在公共—私人部门之间形成伙伴关系,建立一种新的多元福利结构,旨在全面激发个体和社会力量的主动性、积极性和创造性,自觉承担抵抗风险的责任。再加上全球化风险的不断加剧,各国政府更强调政策的积极性和防御性,防患于未然,并从源头上治理社会问题。再次,强调应对市民社会的参与性理念。西方国家的社会治理,实际上就是政府应对自主化、社群化、全球化市民社会的一种社会参与战略。近年来,由各种非政府组织组成的市民社会(社会自主领域),已经成为西方国家一股强有力的"第三力量",在国际公共事务中发挥越来越大的作用。如何创造机会让其参与公共政策决策,吸纳民意,保障公民合法权益,促进政治认同,进而保持国家、市场和社会之间的平衡,自然成为西方国家社会治理的重要选择。

(二)从权力结构看

社会治理是地方权力结构从精英模式走向多元模式,再走向合作者模式的动态演变过程。治理的本质就是政治社会权力结构的变化和重组。从地方权力结构看,社会治理是一种从统治型的精英模式(权力集中,少数人支配权力、大多数人处于消极被动状态、社会团体缺乏应有的表达权、政府缺乏回应性、改革缺乏动力等)

走向竞争制衡的多元模式（权力是分散化，纵向上看，国家部分权力转向国际社会，部分权力下放到地方政府和基层社区；横向上看，控制权力的精英群体，也是多个群体力量中的一股，在不同时期，各种利益集团在处理不同问题时分别起主导作用；多个社会团体之间充满着竞争，相互制衡，以此推动和保障基本民主），最后走向多元共生协同的合作者模式（重点涉及社会公共权力在政府与非政府组织之间的分配。该模式中政府也是权力游戏中的一个玩家，权力架构于私人组织、非政府组织和政府之间的共生关系之上，诸多社会组织和非政府组织通过各种方式共同参与社会公共事务的决策与管理，政府增强工作的透明性、回应性等）的一种趋向过程，是权力资源时空配置效应的最优化和最大化，维护社会多元利益的平衡。

（三）从公共服务供求视角看

社会治理是对公共服务或公共产品的供应、生产、消费等事宜的一种新型制度安排。除了权力分散化、治理主体多元化以外，如何引进市场和社会的力量，协同提供足量高质的公共产品或公共服务，最大程度地满足多元化、多层次的社会服务需求，是社会治理的一个核心议题。可以说，社会治理是一个对公共服务生产、供给、消费等事宜做出合理解释和制度安排的战略行动。其中，其核心本质就是公共服务或公共产品在供应和生产之间的相互区分或区别，政府不再承担同时生产和提供范围广泛的产品和服务的角色和职能。换句话说，社会治理既不是供应也不是生产，而是建立一个连接公共产品生产和供应的制度框架，如西方国家成熟的公私合作伙伴制度等，以及化解参与者之间的冲突、维持多方同意的协议、维护组织多样性等过程。社会治理强调的“委托”“包容”“伙伴关系”等理念和制度，在一定程度上，也反映着西方市民社会的复兴和再生。

第三节　社会治理的相关理论

治理理论的形成不是一蹴而就的，它经历着一个不断演进的过程。20 世纪 80 年代以来，伴随着社会经济的进步和市民社会的发展，为了指导和解释治理实践，在改革传统公共行政理念的同时，围绕公共治理理念，出现了许多的思想流派。这些理论流派是为了政府管理和社会发展的需要，为有效解决治理危机而出现的，它们所体现出的治理范式处于不断发展之中，是一种不断被怀疑和改革以取得成熟、完善的变迁过程。

一、新公共管理运动

新公共管理是针对传统的公共行政模式带来的政府僵化和失效产生的，试图在政府运作中引入市场和经济因素，对政府管理模式进行改革，创造一种新型的公共管理模式。新公共管理是以制度经济学和管理主义为基本的学术支持，追求“三E”（Economy，Efficiency，Effectiveness，即经济、效率、效能）目标的管理改革运动。它主张把经济部门的管理模式引入政府管理之中，打造企业政府模式，使政府按照企业的运作形式来管理公共事务，将公共产品明确区分为政府提供和政府生产的不同，根据效率和效能的不同安排公共产品的生产和供给。新公共管理运动有四个特色：一是效率核心。新公共管理主张淡化公私部门的差异，根据公共产品的性质不同，区分政府提供的公共产品和政府生产的公共产品，在公共产品的供给上允许非公共部门参与生产，并学习和借鉴经济组织和非公共部门的层级管理，通过绩效评估衡量成本与收益，寻求最佳生产方式。二是顾客导向。企业政府模式不仅要拥有经济部门的管理架构，还要有私营部门的生产和服务理念。要求将所有社会成员当成顾客来对待，以“顾客”的需求和愿望为行动目标，服务于顾客的需要，强调顾客的满意。三是分权模式。在政府权力划分上，借鉴公司治理结构，权力向顶层和管理者移动，并且吸收雇员参与决策。主张打破传统的层级分化和命令形式，采用更透明的授权和负责的形式，以权责更明确的扁平化的部门管理形式来实现生产的效率。四是权责分配。政府的雇员采用聘用制，明确政府内部人员的权力与责任之间的关系，打造责任型的政府。在公共部门对于资源的配置上，从层级管理向合同分配过渡，实现权责对应，强调公共服务的使命与价值，推崇公民参与和公共责任。五是组织变迁与革新。推崇政府和公共部门的革新和进步，强调政府组织要在产品生产和供给过程中，不断吸取和总结新的管理经验，能根据社会需求不断调整自己的管理形式，实现组织适时更新和进步。

二、新公共服务理论

新公共管理的效率理念、顾客导向、企业政府推动了许多国家的政府管理改革,但是新公共服务理论是建立在对传统公共行政理论和新公共管理理论进行反思和批判的基础上的,它主张用一种基于公民权、民主和为公共利益服务的新公共服务模式来代替当前的那些基于经济理论和自我利益为主导的行政模式。新公共管理否定了官僚制对于公共事务的垄断,引入了市场机制作为改变政府管理形式的一种手段选择,试图将政府改造成为一种企业政府。但是新公共管理追求的政府架构仍然是封闭的,公共决策仍然是一种内部决策。而新公共服务理论则要求政府不再掌控社会,政府既不是命令和控制,也不是掌舵,而是更多地表现为对于社会事务的协调和服务。在权力分配方面,政府作为开放的主体鼓励社会的参与,建立社区组织和互利组织等参与公共事务决策。更加重视社会的作用,试图建立一种政府和社会合作的权力分配模式,政府由决策者变成参与者。在理论导向方面,新公共服务认为不能简单地将公共服务的消费者定义为顾客,而应该更重视他们的公民特性,不仅要重视他们的意愿与需求,而且要认可他们的公民权利,使他们能够参与到公共事务决策中来。在公共服务提供过程中,作为公民而言对于服务的要求要远远比作为顾客来说复杂得多。这就需要改变单独的政府提供方式,使公民参与到具体的供给过程中来,构建一种公共利益的共享观念,构建共同合作、互相信任的合作机制。在权责关系上,"新公共服务理论认为,公共行政人员必须建立一个集体共享公共利益的观念。目的不是在个人选择的驱动下,迅速找到解决的办法,而是创造一个利益共享、责任共担的机制"。关于政府责任,它促使政府不仅关注政策和效率,而且要关注政府的服务职责,为公民参与决策提供便利。在这种参与过程中,构建公民对于政府和公共组织的归属感,培养有责任的公民,促使政府与社会之间实现权责的优化分配。在目标追求方面,在新公共服务理念中,政府不再作为一种企业和经济组织形态出现,不再单纯追求效率,而是希望成为公共利益的维护者。在服务的基础上,政府行为要重视社会规则和社会价值观的作用,增强社会凝聚力,以最终实现社会正义的目标。

三、集中化—多层次治理

20 世纪 20 年代以来,美国社会出现由城市化发展进入"大都市区"发展的趋势,如何治理好分散的大都市区,成为解决城市区域社会问题的一个理论研究热点。为此,在发达国家城市高度密集的大都市区,政区的碎片化日益成为国际大都市发展和治理面临的一个普遍困境,如何率先处理好大都市地区内部的多元政府之间的复杂关系,成了社会治理高度关注的一个议题。对此,先后经历了传统区域主义、公共选择理论、新区域主义等各种理论思潮,但有一种治理倾向在20世纪90年代重新发出强烈的呼声,那就是主张适当集权或组建统一化大都市区政府的集中化治理。该模式有两种路径:一种是采用政府结构调整的方法来达到区域跨界治理的主要目的,另一种是通过强调政府治理过程或政府职能的调整来处理区域问题。这种治理的主张有四:一是将邻近的、发达的、未合并的地区纳入中心城市政府管辖区内,实行兼并或合并;二是减少政府的数量;三是在一些政府内部整合或联合相关的职能;四是在一个委员会的框架下提升城市之间的合作。典型案例当属2000年伦敦大都市政府的成立。根据这一治理理念,未来一些国家的大都市地区,将会形成更具集中化的大都市区政府,分层次统筹协调跨界性公共服务的生产和运作。以适度集权为主的集中化治理,尽管存在一定的难度,但在过度分散化、碎片化、分割化的小规模地方单元或区域,也可能是一种获得大量民众赞同的潜在治理新趋势。这一治理思想集中反映在以下三种理论体系中:

(一)大都市区政府理论

这一理论也称为巨人政府理论,最早可以追溯到19世纪末20世纪初的伍德罗·威尔逊、弗兰克·古德诺和弗雷德里克·泰勒等政要与学者的思想,他们认为"一个大都市区内存在着大量独立的公共管辖机构是个问题""都市地区分散治理(即超级地方主义)程度越高,其种族和经济隔离的程度越高。要想消除严重的种族和经济隔离,必须做的第一步是扭转城市地区的分散治理""大都市区范围内的地方政府阻隔主要产生无计划的发展、不充足的资源基础、缺乏管理能力和专业技能、在共同问题上缺乏一致行动、责任混乱、种族和社会隔离、财政不均、财政剥夺等问题"。共同观点就是只有建立大都市政府,才能有效地进行管理,进而实施更全面的规划以及提供更好、更协调的服务。这一理论的核心主张包括:①大都市区是一个人口大量聚集、具有显著共同利益的单一社区,只有单一的政府才能整合这些利益,即"一个大都市区,一个政府"。即认为在一个大都市区中由相关个体组成的群体分享着一组共同利益,而这组共同利益将他们紧紧地结合成一个单一社区,因为许多相互依赖的利益存在,所在只有当在一个单一的、具有内在联系的机制中明确表达出这些不同的利益时，人们才能认识到大城市社区的更大好处。②大都市区内政治“碎化”程度的降低，能够对产出、效率、平等性、公民参与和官员责任等因素产生直接的正面影响。③大都市区应该设立权威统一的大都市政府或双层大都市区政府结构。对高度碎片化的大都市区，给出了两个改革方案与建议：第一个方案是：取消大都市区原来已经存在的包括县、市、特区等各类地方政府，通过大都市地区中心城市对周围地域的兼并，建立一般性的大都市区政府，由这类政府进行行政集权，消除该区域原有地方政府的所有独立权限，实行统一的经济社会规划。第二个方案是：组建一套联邦化、双层的大都市区政府结构，在涉及诸如水资源、下水道管理、大规模交通体系等区域性的事务时，可通过中心城市政府与所在县政府及其县域内若干郊区政府的合并或成立全新的政府单元，在特定领域内进行规划与合作。在这类政府体制下，各地方政府保持原有的地方自治权限并继续为当地居民提供生活性的公共服务，大都市区政府在地域和功能上都是局部的。

（二）多层次治理理论

多层次治理理论是由政治科学家里斯贝特·胡奇和加里·马克在20世纪90年代，针对全球化和区域化发展，结合欧盟治理的实践而提出的一种政治科学和公共行政管理理论。他们将多层级治理区分为两大类型：第一类型的分析单元是单一政府，第二类型的分析单元是政策部门，前者注重个别政府机构功能特质，后者则强调通过政策网络实现跨国组织、国家、地区与地方政府和非政府主体之间的合作与共治。多层级治理理论突破了传统的双层决策模式，而将决策权力分散至其他多个治理机制，各层次行为主体一同分享政策过程并在其中相互协商与妥协，以获得较理想的决策结果。结合欧盟的治理实践，他们指出在多层次治理结构中，欧盟各成员国逐渐将政策重心向上转移到超国家机构，向下转移到不同类型的次国家组织。可见，多层级治理理论是欧洲公共政策研究向欧盟决策体系研究转变的产物，其显著特点是超越了传统的国家治理和国际政治的概念，不管是公共领域，还是私有领域，相关利益主体之间原有的相互关系都会在不同边界层级上发生巨大变化，治理力量出现新的组合与变动，原有的一些内部性或独立性的治理优势可能出现加速衰弱的趋向。这充分表明，多层级治理实际上就是在一个蜂窝状的政府单元之间，在多个层级边界上开展的一种持续性谈判过程，更是超国家、国家、地区和地方政府同时卷入其中的跨越政策网络之中。在这一理论的指引下，产生了诸如多层次、多中心、多阶层等相似的治理概念，他们的核心理念就是地方决策权力出现一定的弱化，并开始向更高级的全球治理转化。近年来，多层次治理理念，在欧洲研究、离散化、联邦制、国际组织、公共政策（例如环境政策、卫生政策）、公私合作治理、地方治理和跨国治理等政治科学领域得到了广泛的应用。

（三）离散化—多中心治理

所谓离散化治理，是与集中化治理趋势相反的一种趋势，即一个国家面对一些巨大的全球城市区域治理难题时，遵循和保持多中心政府体系，大力发展郊区，政治权力分散在多个新区政府手中，最大限度地实现多元政府体系的独立和民主。与此相适应，对各种公共服务的提供，除了一些必须合并才能实现规模效应的服务外，更多的公共服务也应该在社区政府层面供给，最大限度地降低服务成本。这一治理思想强调，有些公共问题的解决，并不一定调整现有政府的基本结构，更在于发挥不同治理主体的分散作用，采取独立或联合的方式，处理各种自身管辖区或跨边界范围的公共问题。这一点，从西方发达国家日渐增多的“边缘独立城市”“特别区政府”“邻里政府”中可见一斑。这方面的理论思想主要包括多中心治理、公共选择学派等理论体系。

1. 多中心治理理论

多中心治理理论是1972年由美国学者埃莉诺·奥斯特罗姆和文森特.奥斯特罗姆，在借鉴英国社会学家迈克尼·波兰尼“多中心”概念的基础上，创立的一套完整而独特的公共事务治理理论，旨在构建更加民主、高效的社会秩序和公共服务水平。多中心治理理论主要是针对公共物品的配置，发现了市场和政府之外的“第三只手”，在政治科学与其他社会科学中产生了巨大而深远的影响。实际上，在多中心理论产生之前，关于公共物品的提供和配置上，有很多理论学说，在此做一个简要的介绍和追述。假如从社会秩序的视角看，针对公益物品的配置，早期就存在亚当·斯密以开放市场和竞争导向的市场型社会秩序观、霍布斯的主权国家观念和保罗·萨缪尔森的依靠中央集权的方式来实现资源的优化配置的国家型社会秩序观等基本看法，就是依靠市场“看不见的手”和政府“看得见的手”两种资源配置模式在维持社会秩序。但可惜的是,诸多实践表明,在公益物品的配置中,这两种方式都存在失灵的现象。而如果从公共事务治理的角度来看,就存在加勒特·哈丁(Garrett Hardin)的"公地悲剧""囚犯困境"博弈模型和奥尔森的"集体行动的逻辑"三种治理模式,对此不再赘述。埃莉诺·奥斯特罗姆正是在深入分析这些理论模型缺陷的基础上,从制度分析和经验研究两方面相结合,以自主治理和自主组织为多中心治理的核心内容,对公共事物治理进行了研究,提出以多中心治理理论作为公共事物治理理论的一种替代方案,更是一种行之有效的治理模式。正因为如此,埃莉诺·奥斯特罗姆和奥利弗·威廉姆森在2009年获得了诺贝尔经济学奖。

多中心治理理论的制度分析框架,包括基本假设、基本含义、治理机制等方面,统称为多中心政治体制。由于篇幅所限,本书对上述内容不做一一叙述,作者只对其核心观点和治理主张做出归纳和总结,主要包括以下几点:一是,针对现实中遇到的多种公共事务的治理,通常可以采取国有化或私有化两种方式加以治理,但这两种方式始终存在着难以根除的弊端和失灵现象,因此除这种传统的治理方式之外,还存在其他多种可能的治理方式,并且能有效率地运行,也就是当地社区居民完全可以采取自主或自组织的形式,对身边的公共草场、池塘等公共资源治理好。二是,公共产品的生产供给有多个主体,即公共产品的生产和供给是可以相互分离的,现实中除了政府之外,还有其他更多的公共服务提供者,至少包括政府、市场、社会三个主体或渠道,三者之间是既彼此独立又相互联系的关系,主张在公共事务的处理和公共服务的供给中,并不能依靠某一单一主体加以解决,必须发挥三者各自的优势和特点,既充分保证政府公共性、集中性的优势,以及市场的回应性强、效率高的特点,又要发挥社会的自组织和合约精神,从而提供一种多主体合作共治的公共事务治理新范式。可见,多中心治理理论从根本上,表达了在现代性政治重建中,不同治理主体之间按照公共性规范建构的一种公共服务/责任再生产的制度机制,公共治理中的多中心性,实质是公共事务的民主合作管理,是民主治理的一项策略。

2. 公共选择学派

在社会治理进程中,如何高效地供给公共服务是一个根本性的问题,而围绕公共服务的高效供给机制和方法,就形成了一些政治经济学理论,其中最著名的当属产生于20世纪40年代末50年代初，由著名经济学家布坎南提出的公共选择理论，借助和运用新古典经济学的“理性经济人”假设和个人主义分析方法来研究国家理论、投票规则、投票者行为、党派政治学、官方政治学等政治问题，形成了一个富有特色的广义新政治经济学或狭义的公共选择学派（将公共选择的方法应用于公共行政管理领域，其关注的重点是政府的管理活动及各个领域公共政策的制定和执行）。该理论从“政府官员也是追求个人利益最大化的理性经济人”这一基本假设出发，系统分析了政府组织的行为特征、政府失灵的原因以及公共服务供给的替代性方案。从社会治理的视角来看的话，公共选择学派的核心观点和主张包括以下几点：

一是，政治决策体系或政治市场等同于由生产者和消费者构成的经济市场，政治家、官员和官僚也是具有自利特性的“经济人”，他们尽管不愿承认，但在实际政治行动中也像企业家在经济市场上追求最大利润一样，在政治市场上追求着自己的最大政治利益（权力、地位、威望、支配力等），而并不管这些利益是否符合公共利益。与此同时，公共选择学派也指出，人们并不是为了追求真善美而是为了去实现各自的利益而参与政治活动。“私人偏好的满足是集体活动存在的首要目标”。这是公共选择学派分析所有政治行为的根本假设，也成为正确认识和评价政府在社会公共事务治理或公共服务供给中有限作用的逻辑起点。

二是，政府工作人员的逐利性，直接造成了政府在公共治理或公共服务供给中的失败或低效率。在政府与市场的关系中，鉴于市场本身存在宏观失衡、行业垄断、外部不经济问题、社会极化等失灵问题，凯恩斯主义主张政府应该积极地介入经济和社会领域，以克服市场失灵。但公共选择学派的观点与凯恩斯主义的政府干预主张完全相反，认为正是政府本身所具有的逐利性，使得在政治行为中，政府无法实现真正的社会公共利益最大化，往往存在公共政策失效、提供公共物品低效率、政府规模持续性扩张、寻租及腐败等政府失败的问题，从这个意义上说，政府对经济和社会领域的干预，并不能从根本上消除市场失灵的问题，充其量只是弥补市场缺陷的一种可能性，并不具有必然性。从公共服务供给的角度而言，政府无法做到公共服务供给的高效化、低成本和质量化。实际上，这一主张充分表达了正确认识和处理好政府与市场、政府与社会的关系，是实现社会的良性治理所必须关注并加以解决的核心议题。

三是,公共服务市场化,是实现社会善治的必然选择。政府的失败论引发的政府改革,成了公共选择的主要观点,但与传统行政学关于提倡政府注重内部改革的主张不同,公共选择站在最大程度地满足民众多元选择与需求的立场上认为,政府改革关键要引入和发挥市场价值,将政府的一些职能释放给市场和社会,建立公私之间的竞争,通过外部的政府与市场关系的重组来改革政府,其中,公共服务市场化可以说是解决公共物品提供低效率的较佳途径。公共服务市场化有三层含义:其一,将决策和执行分开,即政府更多的是“掌舵”(决策),而不是“划桨”(执行)。其二,公共服务的供给者多元并存,打破垄断,竞争发展,提高质量。其三,公共服务的消费者有在多元的供给者之间选择的权力和用以选择的资源,在供需双方的及时互动与反馈中,不断提高政府的责任以及公共产品的质量。对此,奥斯本和盖布勒的《改革政府》和美国加州大学帕克利分校的威廉·尼斯卡宁在其《官僚机构与代议制政府》的论著中,对重塑政府提出了许多有益的改革主张。

3. 邻里政府理论

政府层级的存在,使得在不同层级、不同空间上,如何配置资源和供给公共服务,成为社会治理必须面对和解决的一个重大问题。对此,在 20 世纪 60 年代,在政治分散化努力创造政治自由和公共空间的过程中,西方国家发起了一场注重基层治理的理论与实践运动,即邻里政府运动,主张在邻里层面设立小规模、自治化、民主化的社区组织或邻里政府,旨在对高层城市政府形成一定的权力制衡,促进基层社区的自治和公众参与。理论代表作有密尔顿·科特勒在 1969 年出版的《邻里政府:政治生活的地方基础》和赫伍德·霍尔曼的《大都市框架中的邻里政府》。在此所说的邻里政府,是对各种邻里组织的一种统称,它既包括具有独立性质的邻里政府,又有半独立的准政府邻里政府,还有一些由私人住户组成的私人邻里组织等,不同组织在性质和运作模式上存在显著差别。具体而言,美国大城市当中兴起的邻里政府主要有以下几种类型:一是独立的邻里政府,主要指一些大城市不同邻里组建的“小市政厅”“社区规划委员会”“社区委员会”“社区理事会”等组织。二是半独立、准政府的邻里政府:社区发展公司。三是私人化的邻里政府:私人邻里协会。四是邻里联合组织:邻里联盟。

四、协作性—网络化治理

在国家治理的实践中,执政者或管理者必须面对管理领域内多重复杂的政府、组织、项目和工具,公共管理者绝大部分时间都用来处理其自身和其他组织之间的众多相互依赖关系,包括纵向与横向活动。于是在20世纪70年代就产生了一种协作性、网络化治理的现代治理理念,其核心主张就是国家或地方政府在做好基于辖区管理的基础上,针对一些跨界性公共问题或公共服务的短缺,关键要与上下级政府、市场、社会之间形成上下左右的纵横协作网络,跨越政府和组织边界进行管理成为公共管理的核心活动。在这种治理模式中,高级管理人员的核心职责不再集中于管理人员和项目,而在于组织各种资源(常常不属于自己的资源),创造公共价值,政府机关、局、处和办公室作为直接服务供应者的作用已经越来越不重要了,更为重要的应该是作为一种公共价值的促动者,在具有现代政府特质的由多元组织、多级政府和多种部门组成的关系网络中发挥作用。这一治理理念的核心主张就是公共服务的生产和提供可以分离,政府不再是公共服务的直接生产者,而采取政府机构之间的合同、商业化、公私伙伴关系、外包、特许协议和私有化等形式,实现公共服务的有效供给,提高政府治理的效率和能力。这一治理理念的相关理论有府际关系理论、政策网络理论、公私合作伙伴治理(简称PPP模式)、新公共管理理论、政府协同治理、数字化治理、企业家政府等,尤其是PPP模式在全球国家治理中得到广泛的应用,取得了显著的治理效果。选择重要的理论简述如下:

(一)府际关系理论

政府间关系(intergovermental relations,IGR),简称府际关系,它是一个来自西方的政治学术用语,但对它做出较为明确的定义和解释也经历了大约30年的孕育期。最早是由美国学者克莱德·F.斯奈德于1937年发表的《1935—1936年的乡村和城镇政府》一文中首先使用了“府际关系”这一名词,但对此没有做出明确的解释。1960年美国学者安德森总结地提出了“政府间关系”这一概念,认为府际关系是指“各类和各级政府机构的一系列重要活动,以及他们之间的相互作用”。他从两个层面上对府际关系做出了分析,首先他认为,府际关系是一个比联邦制涵盖范围更广的概念,它除了包括联邦与州、州与州之间的关系之外,还包括州与州、州与地方、国家—州—地方、地方与地方之间的关系；其次，他认为府际关系的核心是公共事务官员私人之间的相互关系，他们通过经常性的日常接触、相互交往和讨价还价，形成了复杂的府际关系网络体系。

关于府际关系的特征，美国学者狄尔·S. 莱特在考察美国联邦制中各级和各类政府之间关系时，概括了五大特征：第一，范围广。他认为政府之间关系比联邦主义概念所包含的范围更广。联邦主义主要强调中央与各州之间的关系，有时也涉及各州之间的关系。而政府之间关系还包括中央与地方之间、各州与地方之间、中央—各州—各地方之间以及地方与地方之间的关系。第二，动态性。政府之间关系是一种持续的、灵活的动态关系。他认为政府之间关系是通过政府官员和公务员之间的日常接触、了解与估价的形式而产生的关系，是以竞争和合作两种形式进行的正式和非正式的关系。第三，人际性。他引用另一个学者的话说："真正决定政府各部门之间关系的，实际上是打着办公室招牌工作的人们。因此我们有必要明确指出政府之间关系这一概念，主要是指人际关系和人的行为。"第四，公务员的作用越来越重要。公务员已经成为政府之间关系的主体，作用越来越突出。第五，政策的影响越来越大。在美国，由于政策的作用，政府之间新的权力关系与权力结构正在形成。这种新的权力关系与权力结构，与美国宪法、法律所规定的关系有所不同。20 世纪 80 年代以来，各国政府改革方案中的共同趋势之一，就是地方政府间伙伴关系的建立与发展。经济合作与发展组织（OECD）将这种趋势的原因，归于以下几个方面：第一，环境保护和经济可持续发展等政策问题，需要区域内各地方政府间合作处理；第二，由于区域经济发展失衡，地方政府间需要通力合作解决失业和贫穷等社会问题；第三，在全球化的冲击下，区域内各地方政府间需要进行资源和行动的整合，才能发挥综合性作用，提升地方竞争力；第四，尽管地方政府为提升其效能，已经与许多私营部门或非政府组织建立伙伴关系，但地方政府间所建立的伙伴关系，仍是其他合作关系所无法取代的机制。

（二）政策网络理论

长期以来，西方国家的政治理论研究方法一直采用着以划分国家和社会权力边界为主的宏观结构研究方法和以分析个体或组织政治功能为主的微观研究方法，在具体国家政策的研究中，这两种方法关系比较紧张，对政治现实难以做出合理的整体性解释。正是在这一背景下,最早在英国产生了中观层次的政治理论——政策网络理论,试图填补两种研究方法之间的空白。它的形成既摆脱了传统政治学的“宏大”的理论分析模式,也跳出了行为主义政治学研究对象过于微观的理论困境,成了目前西方政治学和公共政策分析领域学科前沿。但是,在政策理论的研究和发展进程中,西方学者之间形成了不同的理论和流派,政策网络相关研究可分为三类,即所谓美国传统,英国传统和德国、荷兰传统。例如美国学者强调在公共决策中,组织和个人构成一个行动整体,而由众议员和参议员、少数政府官僚、关注该项政策的私人性团体和组织的代表等组成的“潜政府”,则在日常决策中发挥着更为重要的作用。而英国的学者是从中层理论的角度对政策网络进行研究的,认为它是一种利益中介结构。例如本森在使用政策网络理论框架分析英国中央与地方的关系网络时,发现地方政府与中央政府之间的互动并不是多元竞争的,而是地方政府被整合为少数若干重要的代言人,才开始与中央政府进行谈判与互动。而德国、荷兰的学者将政策网络上升到宏观的层面,对于不同的治理概念和模式进行了探讨,强调了市民社会和国家之间的合作与共治关系。可见,政策网络作为一种新兴的政策分析工具,由于研究基础和视角不同,因而呈现流派林立、观点各异的局面,尚未取得一致的解释。

综观国内外的“政策网络”研究,笔者认为,政策网络就是在公共政策决策过程中,政府与其他利益成员之间,在平等、互利、开放的基础上,构建制度化的互动模式,对各自关心的相关议题进行对话与协商,以追求政策利益的最大化和均衡化。政策网络的核心观点和内涵主要应包括以下几个方面:一是,在方法论上,政策网络是旨在追求宏观研究与微观研究相结合、分析政策参与过程中利益集团与政府关系的中观层次方法和理论框架,其深层次的目的则是构建政府与利益集团之间平等、互利、协商的一种内在机制。二是,在参与主体上,政策网络包括政府和其他利益行动者,呈现主体多元化和关系网络化的特征。在政策的制定过程中,政府或官僚并非唯一的行动主体,政策网络内的行动者包括行政人员、国会议员、学者专家、利益团体等与该政策有利益关系的个人或团体。在政策网络中,政府、社会集团和市民社会的相关利益主体利益都得到表达。因此,在政策网络内部,除了政府或官僚内部之间的关系外,在政府与其他社会组织之间因为法定权威、资金、信息、专业技术与知识等资源的相互依赖,而结合成行动联盟或者利益共同体。三是，在主体间关系特征上，多元主体之间保持平等、对话、协商的关系。政策网络强调，在公共政策过程中，政府不应该占据官僚化的强势地位，应该与其他社会组织或相关利益者保持绝对的平等。在所有公共政策过程中，协商和合作成为政府和其他集团之间的主导关系，利益表达和利益诉求借助协商、谈判等方式，通过谈判、妥协、让步的形式来达成共识，而非依照政府权力为基础的支配—服从关系，来强制性、单方面地形成公共决策。建立在平等、互利、协商、让步、妥协等关系基础上的公共决策，一方面有利于各方的利益得到表达和实现，另一方面也有利于公共政策的目标的实现。第四，在跨界区域合作上，政策网络理论认为，跨界合作网络不是包括诸多合作主体或合作动机的一个相互分离的概念，而是一个由社区、城市政府、区域政府都参与的完整政策体系。之所以采取这种积极的网络性合作政策，是因为每个合作主体力争作为公共过程的参与者，来实现对各方都有利的公共利益。通过跨界合作网络，一方面能够提高地方政府之间的相互依赖性，增加各方面的交流与协商，减轻城市或区域之间的利益冲突；另一方面也能够有效分散等级政府模式下高度集权化的格局，消除跨界区域经济发展的潜在制约因素。总之，政策网络理论强调政府间关系，尤其是地方政府间相互关系，对跨界合作动机和网络的形成具有至关重要的作用。

（三）公私合作伙伴治理理论（PPP）

公私合作伙伴，即 PPP（public-private partnerships），是 20 世纪 80 年代以来西方国家政府治理创新中出现的一个概念，但学者们的解释不尽相同。有的认为，合作伙伴关系是指多个部门（如公共部门、私营部门、非营利部门）中两个或更多组织间有意的合作关系，这种合作关系聚集了资源，以确认并进而寻求一种解决共同问题的联合途径。有的学者从组织学的角度，认为合作伙伴关系是指两个或多个组织实体中任何一方都在无法独立完成相关事务时采取的联合行动，以及为发起联合行动而做出的所需组织资源的相互承诺。欧洲城市治理中，更加宽泛地称之为“伙伴制”，就是指为了解决某一特定问题，由一个特定的城市政府部门与其他人结盟来推行一项政策的过程，这种联盟可能只是一种临时性的特别安排，或者是由若干人参与的一种长期战略。

可见，从不同学科角度出发，就会对合作伙伴关系得出不同的解释。但我们认为,对城市公私合作伙伴治理,可以从三个方面进行理解:首先,从广义上,就是指公共部门和私营部门共同参与城市生产和提供公共物品与服务的任何制度安排,如合同承包、特许经营、补助等制度;其次,它是指一些复杂的、多方参与并被民营化了的基础设施项目;再次它指的是企业、社会贤达和地方政府官员为改善城市状况而进行的一种正式合作。也就是说,对城市公共服务提供者、消费者和生产者三者关系的重塑与再造,通过打破传统的公私边界,提供跨边界公共服务,以更好地满足市民的多元化需求,提高城市整体管理能力。

一般来说,城市公私合作伙伴治理具有以下几个特征:首先,一个合作伙伴关系涉及两个或更多的参与者,而至少一方为城市公共部门,但合作伙伴的效用主要取决于公共部门与私人部门双方的一致行动。在实践中,有些合作伙伴关系属于城市公共部门间伙伴,但在某种特殊情况下,这种合作伙伴仍然具有公私互动的某些特征,例如,当一个公共参与者,或不受直接的政治控制而具有较高的自治程度(如美国的特别区政府),或是更具市场化性质的组织,或本身就是一个准政府,那么这个公共参与者将会在此伙伴关系中更多地发挥类似一个私营组织的功能。其次,合作伙伴中的每一个参与者都是具有相对权力的领导或首长。每个参与者都能够从自身利益出发进行讨价还价,而不是必须求助于其他权力机构,因此,为了提高效率,每个参与者都必须具有很大的行动自由。而通常由于受多层行政控制和预算约束,城市公共部门很难获得这种具有自治性质的行动自由。所以,合作伙伴中相对独立的权力关系,使得每个参与者都倾向于构建一个稳定的组织委员会,来具体负责合作伙伴的相关事宜。再次,在合作伙伴的所有成员之间应是一种持续性的关系,具有一些连续性的交互行动。在公私伙伴关系中,公私组织间会有很多简单、临时性的事务交易,例如城市政府可以购买或销售公共产品和服务,能够征收罚金和税收等,但这些关系未能表明他们之间真正的持续性互动关系,即使一个城市政府每年向某个私营机构购买服务而返还税收收入,也不能算作是真正的伙伴关系。真正的合作伙伴关系则是一种连续性关系,其主要标志就是自始至终多个成员之间的谈判与协商。第四,每个参与者对相应伙伴会产生某种重要影响,因而伙伴关系是一种真诚的关系。这是因为,在伙伴关系中,每个参与者都会向自己伙伴转移一些物质或非物质方面的资源,例如资金、公共土地等物质资源的转移较为明显,而权力、价值观等其他资源转移则不甚明显。很多时候,我们想当然地认为这种资源转移大多都是来自城市公共部门,而实际上,在当今对政府效率和有效性存在怀疑的时代,私营部门的参与也许具有更重要的作用。第五,在一个真正的伙伴关系中,伙伴成员必须要对他们的相关行动结果共同承担责任。在有些公私伙伴关系中,公共部门收到私营组织的建议后仍然控制着政策的决定权,而相反,一个真正的公私伙伴,其自治和协商性决策会产生共同承担的责任,并且要对难于做出决策的一般市民和组织机构负责。

五、智慧治理理论

这是2008年全球金融危机以后,由美国学者尼古拉斯·伯格鲁恩在分析西方民主治理机制危机和中国现代官僚体制治理有效性的基础上,提出的一种中西混合型治理模式,旨在实现美国危机式民主治理体系的改造,以有效应对全球转型的各种挑战(社交网络、巨型城市、生产能力的全球化扩散、民主意识的持续高涨等)。其核心观点如下:

首先,治理指的是如何将一个社会的文化习惯、政治制度和经济系统结合起来,为人民提供他们所渴求的美好生活。当这些结构要素平衡地结合在一起,有效地、可持续地增进公共利益时,这就是良政。当根本条件发生变化时,一旦有效的实践出现障碍,就会产生劣政;或者当有组织的特殊利益集团攫取主导地位,出现政治衰败时,也会出现劣政,甚至两者会同时发生。然而,当今西方国家的债务和赤字使财政难以为继,贸易保护主义的卡特尔垄断集团耗尽了经济的活力,腐败催坏了信用,社会的流动性停滞,不平等等现象持续恶化,主流共识失去了合法性,衰退便开始了。用体制的功能障碍和衰败来描绘现在大多数西方民主体制的治理,都是恰当的。曾经被认为最理想的西方所谓自由民主的治理形式,正遭到非西方现代性的挑战,最引人注目的就是中国的现代官僚制度和国家领导的发展模式。

其次,当今的全球化发展正从1.0升级为全球化2.0,曾经边缘地带的包容性治理革命正在崛起,东西治理模式的融合与平衡成为主流。当今,迅猛的科技革命,对世界所有国家都带来了巨大的压力和挑战,所有政治体制都在试图做出调整,更为重要的是,冷战结束以后的几十年,美国主导的全球化1.0时代开始进入了一个多极的全球化2.0时代,原来的一些边缘地带的经济体开始重新崛起并逐渐成为核心,这是当今世界发生的最大事件。此时,全球正在发生着两个并行、互动的革命：发达国家进行的工业革命以及发展中国家突然扩散的急剧增长模式（称为包容性革命）。随着多元文化的离散式发展，全球化 2.0 开始呈现多元特性间的互相依赖，而非普遍使用的单一模型。人类社会出现了前所未有的密集整合，开始在多元文明图景上进行合作和互相学习，世界真正回归为“正常的多元化”状态，在强烈的社会流动面前，到处都表现出跨界整合与政治觉醒，人们正要求有尊严地参与有意义的政治活动，于是如何促进东西不同治理模式的融合，增强政治的平衡协调能力，逐渐成为主流和大趋势，这就是所谓的智慧治理。

再次，智慧治理的实质就是一个国家或城市政体，对全球化 2.0 时期多元、多重挑战表现出的平衡能力，其基本要素包括下放权力、包容公民，同时，把决策机制分散到有能力进行体制整合的各种机构中，由此增进代表政治权威机构的合法性和认可度，也就是说，实现智慧治理的最佳途径是将美国“消费者民主”和中国选贤任能的“现代官僚制”相结合的“理想的混合宪政样板”，主要做到如下几点：公民参与社群生活；立法机构和行政长官通过民主选举产生；将权威赋予一些独立的贤能机构；培养超越争端的道德力量；行政机关保持高水准、诚信度和透明度；评估治理效果等。

第二章　社会治理的历史经验

中国是一个拥有五千年历史的文明大国，在人类历史中创造过辉煌的成就。积极总结和吸取历史的有益经验，古为今用，是推动当今社会不断进步的重要策略之一。中国社会治理是一个不断创新、不断改进的连续体，不同时期形成了一些独特而有效的社会治理方法，其间特有的社会文化心理在社会治理、社会制度建设中始终发挥着特殊的作用。充分遵守中国人的文化心理特征，积极借鉴历史上成功的经验和做法，理应成为当今创新社会治理的重要路径之一。为此，本章以古代基层社会为主要分析依据，对历史时期形成的社会治理经验加以提炼和总结，并对当今创新社会治理提供一些借鉴和启示。

第一节　中国古代的社会治理方法

中国古代社会主要包括夏、商、周[西周、东周(春秋、战国)]、秦、西汉、东汉、三国时期(魏、蜀、吴)、晋(西晋、东晋)、南北朝[南朝(宋、齐、梁、陈)、北朝(北魏、东魏、西魏、北齐、北周)]、隋、唐、五代(后梁、后唐、后晋、后汉、后周)、十国[前蜀、后蜀、吴、南唐、吴越、闽、楚、南汉、南平、北汉]、宋(北宋、南宋)、辽、西夏、金、元、明、清(前中期)等历史时期，历时近4000年，历史文化源远流长，在人类发展史上创造过巨大的辉煌。而就社会治理而言，不同朝代具有不同的社会管理制度，成效不尽一致，但作为一项具有惯性思维的朝廷治理手段，仍然存在一些行之有效的共同做法，仍然值得现代中国创新社会治理加以借鉴和吸收。纵观之，古代社会的有效治理方法有以下几点：

一、树立以民为本、德治为先的治国思想理念

(一)树立以民为本的治国思想

处理好国家与民众之间或君民之间的关系，是历朝历代统治者治国理政、社会

治理首先考虑的基本问题之一，特别是春秋战国时期的动荡，百家争鸣，无一不强调民心向背的力量。因此，古代社会的治理，特别重视和崇尚民本思想，认为民心的向背关系到社稷的安危，君应以安民为务，将爱民、重民、利民、富民作为治国的重要目标。出自《尚书》中《夏书》的《五子之歌》曰："皇祖有训，民可近，不可下，民惟邦本，本固邦宁。"这是关于民本思想的第一次呐喊。不过，古代社会民本治理思想的确立离不开一些伟大先贤思想家的努力，如孔子提出了庶民、富民、教民的仁政思想。孟子继而提出了"民为贵，社稷次之，君为轻"的政治秩序理论，要求统治者要有"忧民之忧"及"与民同乐"的思想境界，要有解民于"倒悬"的政治作为，要建立"恒产"的产权制度保障民生。荀子则更进一步提出"天之生民，非为君也；天之立君，以为民也"的立君为民权力观等。这些思想说明一点，君主或国家只是社会治理的主体，广大的民众才是社会治理的客体，客体是基础，只有实施以民为本的治理方略，才会构筑有序、民主的社会状态，如果违反人民的意愿，政权合法性受到威胁甚至有可能被颠覆。

（二）树立德治为先的理念

古代社会的治理，虽然存在德治与法治的争论，特别是韩非子的法家思想在秦朝统一六国中发挥了巨大威力，也对社会生产力的解放和社会稳定发挥了巨大的作用，但总的来看，古代社会的治理，更注重和强调道德规范体系的建设，从天子到庶人，积极倡导自我品行的修养与修炼，尤其是在以农业为主的熟人社会，更强调依靠道德约束的自我管理和自觉治理。古代帝王历来高度重视对官吏的道德标准，克己奉公、廉洁自律成为古代儒家德治思想在吏治方面的基本要求，才从属德，格外注重人的思想品质和道德修养，也成为古代帝王选人用人的重要标准，"修身、齐家、治国、平天下"成为统治者的"为政之本""德治之本"。在家庭方面，提倡"父慈子孝，兄友弟恭"，自觉维护家庭的和睦。在社会公德方面，非常重视和强调对百姓进行伦理道德教育，通过教育、感化人民，使人向善，使人明人伦、守礼义，对此早在两千多年前，孔子就说过："道之以政，齐之以刑，民免而无耻。道之以德，齐之以礼，有耻且格。"孔子的"为政以德"的理念，确立了中国古代几千年的"德治"传统。一些成功的统治者，无论是取天下还是治天下，都不忘施"仁政"、行"德治"。

二、建立健全多样化的基层治理组织体系

综观中国古代社会的发展历程,尽管自宋朝以来,以江南城镇为代表的商业获得了巨大发展,但在长期奉行“重农抑商”的国策和较为低下的经济发展水平下,中国古代社会整体上是一个中央高度集权的典型农业社会、等级社会。架构一套适合大国农业社会特点的组织架构,处理好国家与民间的关系、集权与自治的关系,有效管控乡村社会秩序,始终是历代朝廷高度重视并加以应用的一种治理手段。为此,古代社会治理非常注重建设基层组织管理体系,为社会稳定提供了重要组织保障。

(一)以乡里制和保甲制为主的乡里组织

由于皇权不下乡,古代中国乡村社会的管理主要依托乡里组织展开和进行。乡里组织不是一级政权单位,它没有政权赋予的立法权、司法权及“法定”的执法权,也没有组织体制的上下级隶属关系,但却在乡村公共事务治理中居于主导,发挥着重要功能。其中萌芽于夏商周时期的乡里制,既是古代基层区划的起源,更是将人口分布与户籍管理紧密结合的基层居民军事化管理形式。当时,乡、党、邻、里是四种最基本的组织形式,根据《周礼》一书的记载,乡里区划分为“六乡六遂”,乡设于“国”即西周国都地区,遂设于“野”,即国都以外的地区,国中“五家为比,使之相保;五比为闾,使之相受;四闾为族,使之相葬;五族为党,使之相救;五党为州,使之相赒;五州为乡,使之相宾”,六乡分别设置比长、闾胥、族师、党正、州长、乡大夫等职;野中“五家为邻,五邻为里,四里为酂,五酂为鄙,五鄙为县,五县为遂”,六遂则设有邻长、里宰、酂长、鄙师、县正、遂大夫等职。并且,当时乡的层级高于后世州县的行政建制,遂的层级亦高于州县。秦汉时期实行郡县制,县下置乡、亭、里为基层政权组织,朝廷命官至郡县而止,其乡里制度则逐步成熟。这种“皇权”止于县政的做法,为乡村社会留下了自治空间,乡里组织具有半自治状态的性质,国家治理呈现“上下分治”的格局,对此我国社会学家费孝通先生将这种格局称为“双轨”政治。虽然我国古代没有“自治”之名,却有着“自治”之雏形。魏晋南北朝时期沿袭汉制,只是乡里的层级开始下移,并开始出现了“村”。而到了隋唐两宋时期,乡里制转向了保甲制,其中隋朝实行族、闾、保三级制,《隋书·食货志》载“制人五家

为保,保有长。保五为闾,闾四为族,皆有正”。唐代又实行乡、里、村三级制,全面推行村制和坊制,《旧唐书》和《资治通鉴》等文献记载,“百户为里,五里为乡。两京及州县之郭内,分为坊,郊外为村。里及坊村皆有正,以司督察。四家为邻,五邻为保。保有长,以相禁约”。村正、坊正主要是“掌坊门管钥”和“督察奸非”,有权助捕、纠告、治盗、捕亡等,主要在于维持村内社会治安、进行基层管理。宋朝神宗熙宁年间王安石厉行变法,全国推行保甲法,规定:“十家为一保,选主户有干力者一人为保长;五十家为一大保,选一人为大保长;十大保为一都保,选为众所服者为都保正,又以一人为之副。应主客户两丁以上,选一人为保丁。附保。两丁以上有余丁而壮勇者亦附之,内家赀最厚、材勇过人者亦充保丁。”在保、大保、都保中分别设保长、大保长、都保长和副保正,凡差县差役,政府科敷,县官杂使,监司迎送,皆责办于都保之中。保甲制的实行大大弱化了传统乡村社会的自治色彩,政府权力进一步向基层渗透。元代在沿袭唐宋保甲制的基础上,出现了都图制以及“村社”,还设置村社之约,以处罚之法来进行管理,并办有社学,对乡村子弟进行教育。明清代保甲组织的功能得到进一步强化,除承担人口管理、互保连坐、治安报警之类任务外,还承担一切地方公务管理,成为发挥行政职能的地方基层行政组织。

乡里组织诸功能的行使虽然不是借助法定权力,但却凭借道德力量的支撑,形成以德治乡的传统,道德教化从而居于重要地位。周代乡里就设有引导教化的乡老之职,战国出现三老。汉代儒家思想居于支配地位后,重视以“王道”治理乡村更凸现出乡里组织的教化功能,设置乡官里吏以期“劝导乡里,助成风化”。汉代的三老制、明代的老人制都十分典型。三老、老人均是道德的楷模,“三老,众民之师也”,他们率众为善、为民表率,通过言传身教使儒家伦理规范渗透于乡间社会;他们又充当着乡里社会的调节器,除那些重大事件诉诸县署衙门外,乡村的冲突、纠纷主要由他们调解、解决。三老的特殊地位无疑与皇权以伦理道德规范巩固基层社会秩序的主旨相符合,因为以道德治理广大分散的乡村是一种最经济的方式。

(二)以家长制为显著特征的宗族治理组织

家族是由父系组成的亲属关系。家是一个经济单位和共同生活团体,而族则是“生相亲爱,死相哀痛,有会聚之道”的群体,族实际上是家的结合体,为一血缘单位。依父宗而论,凡是属于同一始祖的男系后裔,都属于同族团体。当今社会,每当说到宗族的时候，往往与封建思想联系在一起，代表着落后的一面。但实际上，人的生存发展离不开浓浓的血缘关系，家庭、宗族在社会成员建立联系、适应环境变化、处理人际矛盾、公共事务治理中具有特殊的作用。正因为如此，在强调"家国一体""皇权至于县"的宗法国家背景下，中国古代社会属于典型的家族式父权家长制社会，县以下的广大农村熟人社会中，以家长制为主的宗族组织及其有效治理，恰恰成为中国古代基层社会自治的重要基础。但是，随着朝代的不断更替和政治经济制度的演化，家族制度也处于不断的发展变迁过程中，宗族制度的演化经历了商周时期的典型宗法宗族制、汉唐世家大族式宗族制、宋代家长制宗族制等过程，不同时期具有不同的组织形式、治理方式和特点，如宋代宗族组织建立的"义田"，用以"养济群族"使族人"日有食，岁有衣，嫁娶凶葬皆有赡"，是一种社会的自我保障形式，其民间互助性质明显。设立义田以恤族，恤族又可睦族，且义田实行"择族之长而贤者"管理，从而形成一个团结、有序和稳定的社会群体，在"义"和"利"之间建立起了有中国特色的隐蔽纽带。明初广建"族田"（即家族公共的田产），进一步扩展了义田的功能。明清时期宗族义田的功能除养济族人外，其收入还用于各种公益事业，如修水利、铺道路、架桥、设渡等。族田对于地方而言是可营利的经济体，它以互助救济的方式为地方小范围公共事务管理提供了资金支持，其公共性和自治性显而易见。

宗规族约是宗族组织进行有效治理的基本准则。没有规矩，不成方圆。古代社会的宗族是一个以血缘关系为纽带的大家庭，其有效治理主要依靠的是一套以儒家伦理规范为取向的宗规族约，即家族自己制定、借助尊长权威施行、要求家族成员共同遵守的各种行为规范和规章制度的总称，多是父辈、祖辈对子孙家人，族长对族众有关居家治生、修身处世等的教诲训示和禁戒规定。综观古代社会的宗规族约发现，不同宗族之间的各自约定内容不尽一致，但作为调节利益关系的行为准则，在实施宗族自治、乡间公共事务治理中发挥的作用基本相同，主要体现在以下几个方面：第一，确立宗族自治的领导成员和治理权威，即选族长。如明代万历间江苏海安的《虎墩崔氏族谱》的《族约》，首条就是"立族长"，规定"推择宗中齿德并隆者一人为之"。家有家长，族则有族长，族长权在族内的行使可以说是父权的延伸。族长之所以必要，一是为了处理许多家族的共同事务，二是为了调整家庭之间的社会关系、冲突矛盾，维护家际之间的社会秩序。族长过问和处理的主要是家际间的公务,如族田、族祠、族学等管理,族长还负责家族的主祭,全家族则必须参加;族长负责处理族内的纠纷,实际上是族的执法者、法官和仲裁者,族长的命令即法律,且具有最高的权威,甚至能够发挥法官不能发挥的功能。族长甚至可以处以体罚,或开除族籍。社会和法律都承认族长的这种权力,家族实际上是政治、法律的基本单位,家族是最初级的司法机构,家族团体以内的纠纷及冲突首先由族长处理,不能调解处理的才能由国家司法机构处理,而家族主要通过维持家族内部的秩序而对国家负责,整个社会的秩序也得以维持。第二,促进家族内部以及族群之间关系的和睦。坚持和追求内睦家齐、外睦相济,实现同村不同宗族之间的和睦相处,是诸多宗规族约的主要内容之一,如明代官吏蒋伊在其制定的族训《蒋氏家训》中要族人"和睦邻里族党,勿听家人及妇人言致争"。元代浙江浦江郑氏家族的族训《郑氏规范》叮嘱族人"当以和待乡曲,宁我容人,毋使人容我"。第三,维护友善、宽容的邻里关系。对任何时代来说,邻居或邻里关系是社会生活中必须面对的社会关系之一,邻里关系的和谐,是社会和谐的重要根基之一。推崇亲近、友善、宽容的精神,塑造和谐的邻里关系,是古代社会宗规族约倡导的主要内容之一,如宋代袁采的《袁氏世范》的《治家》篇中提出"睦邻里以防不虞"的思想,认为"居宅不可无邻家,虑有火烛,无人救应","至于邻里乡党,虽比宗族为疏,然其有无相资、缓急相倚、患难相救、疾病相扶,情义所关,亦为甚重"。第四,积极履行乐善好施、救难济贫的互助与慈善行为。仁民爱物、扶危济困、救难济贫是中华民族优秀的道德传统,也是宗规族训教化的重要内容。如被朱元璋赐以"江南第一家"美称并在此后屡受旌表的郑氏家族,在其《郑氏规范》中规定对同宗族的人要多加体恤帮助:缺粮者每月给谷六斗;不能婚嫁者助之;宗族子弟上学,免其学费;"死而无地者,听埋义冢之中";"无衣裘者量力助之"。除了帮助同族人之外,还提倡要努力帮助外乡人、鳏寡孤独之人和其他贫困人家。

古代社会的这些家族不仅定立家规族训,而且在敦族睦邻教化上亦有得力而有效的途径:立族长(宗子)、置族产、修族谱、建祠堂等,在基层家庭成员的教育、修身、治家、处世等方面发挥了独特而有效的功能和作用,特别是旧时的祠堂,成为团结、凝聚族群关系的重要象征。客观上讲,宗族自治组织崇尚光宗耀祖、遵纪守法、恤贫助学、邻族和睦,在调整微观人际关系、提高传统生产技术、弘扬民族品德方面起到了一定的积极作用。

（三）以调解纠纷和社会教化为主的乡约组织

伴随着古代社会乡里制度的不断发展，逐步形成一种建立在血缘或地缘关系基础上的特殊治理组织——乡约，是古代社会自治治理的一大组织类型。从性质上说，“乡约”并不是简单的“乡规民约”的简称，与“乡规民约”是两个不同的概念，但“乡约”带有乡规民约的内容与特征，“乡约”的出现比乡规民约要晚上千年，乡约是在规约的基础之上形成的民间组织。据考证，最早的成文乡约出现于北宋时期，《吕氏乡约》或称《蓝田乡约》是我国历史上第一部成文的乡约，它除了具有一般乡规民约的基本特征外，又有一套较完整的体制，包括组织机构、聚会时间、赏罚方式等，这使得它更多地表现为是一种民间基层组织。按照规约，约中需推举正直不阿者一二人为约正，负责决是非、定赏罚。每月再以长少为序，选一人为“直月”，料理约中杂事。乡民如违反约规，约正可根据其属“犯义之过”“犯约之过”或“不修之过”，而分别处以100至500钱不等的处罚，屡犯不悛者开除出约。同约人每月一“聚”，每季一“会”。有善恶行为者，聚会时当众赏罚，并一一记录在册。很显然，当初的乡约是一种民间社会自发形成、有相应组织制度做保障的基层治理组织，主要发挥互帮互助、化解民间纠纷、治理公共事务的职能。

在长期的历史发展进程中，乡约组织在性质上发生了从民间组织向半官方组织直至官方组织的演变过程，其治理功能也发生了相应的转变。如宋代的乡约一般是地方乡绅自发制定的民间互助组织，其主要目的是彰善瘅恶、互帮互助，同时对基层民众实行道德约束。在此过程中，其良好的治理效果得到了朝廷的肯定和支持。到明朝正德年间后社会危机程度进一步加深，官府倡办、督办乡约成为主流趋势，嘉靖以后，明廷开始在全国推广乡约，兵部下令推行保甲乡约，建立了多元、复杂的乡约组织，形成了以官办乡约、保甲、社学、社仓以及专业性民办乡约并存的复杂基层治理体系。需要指出的是，明、清两代，乡约不再是纯粹的民间自发互助型组织，逐渐转变成为官府实施社会教化的重要载体和工具，明太祖于洪武三十年特颁布《圣训六谕》作为教化万民之大纲，各地乡约纷纷以《吕氏乡约》为蓝本，规定了明确的宣讲制度，进行各种宣讲活动，以实现对民众的普遍道德教化，特别是王阳明制定的《南赣乡约》，规定约长一人，约副二人，约正四人，约吏四人，知约二人；约长为约中最高首领，其任务是收掌善恶薄，约正、约副负责一约中所有事务；

他们均由年长有德、通明礼义、公正果断，众所推服者担任；它要求“同约之民，皆宜孝尔父母，敬尔兄长，教训尔子孙，和顺尔乡里，死丧相助，患难相恤，善相劝勉，恶相告诫，息讼罢争，讲信修睦，务为良善之民，共成仁厚之俗”。该乡约及其实践成为明代推行乡约教化的代表与典范。到清代以后，朝廷更加注重对社会成员实施普遍的道德教化，乡约就成了朝廷直接干涉、强令建立的组织制度，不少地方在庵观寺庙或空闲房屋中设乡约所，甚至在咸丰、同治年间建立了乡约局，通过官方组织宣讲活动，将《圣谕十六条》和《圣谕广训》等内容顺利地普及到民间去，乡约的社会教化功能发挥到了最大化。与此同时，乡约的基层司法职能得到进一步的增强，“掌办关于词讼之和解、拘捕、押送及传达命令等事”，开始履行本应由官役承担的职能，至此其自治精神日渐式微，束缚色彩日增。

(四)以私社、会馆、公所、行会等为代表的民间协作互济组织

除了乡约外，随着经济的发展和社会利益的进一步分化，古代社会当中的不同利益群体之间，按照互帮互助、协作治理的原则，在隋唐至明清时期出现过一批以私社、商人会馆、公所、行会等为代表的民间自治互助组织，这些组织在强化社会群体的联系、化解社会风险、处理民间纠纷、自治公共事务等方面发挥了十分重要的作用。其中，“社”的本意是指先秦时的土地神，亦指祭祀土地神的场所，后代逐渐演变为地方基层组织或民间团体，如早在汉代时期，中央、郡、国、县、乡、里各级行政机构都立有社，即“公社”“官社”，同时也出现了一种基层庶民自发组织的“私社”，其活动具有私人化、自愿化、自治化的特征。汉代以降，民间私社越来越盛行。私社的形式多样，有以宗族而聚的宗社，有以信仰相联系的佛教社、道教社，有按阶级和职业结成的官品社，有按性别组成的女人社，有以农业活动组建的渠社、锄社，等等。私社的功能各异，如管理维护水利，帮助社人抵御天灾人祸，为家境贫困者提供经济资助；共同面对官府的赋税征收，筹办百姓的婚丧大事及立庄造舍等。

会馆、公所、行会则是自隋唐至清代以来，随着商品经济和贩运贸易的繁荣发展，主要在商业城市社会兴起的一种工商业自治组织和社会团体，在联络乡谊、维持市场秩序、限制竞争等方面发挥了独特而有效的作用，成为城市社会治理的重要力量。其中，会馆主要是外来商人在某一经商地为联络乡谊、相互支持而设置的商人组织，有较浓厚的地域乡土色彩，大部分以商人的原籍地来命名，但也具有行业

性质的内涵,是行业性与地域性的“二重性”的统一。商人会馆较多出现是在清代,以康雍乾嘉为盛,主要遍及各地商人多的商业城市,而尤以当时最大的商业中心苏州为最多,如据范金民计算,截至清末共有会馆(不包括公所)45所,其中建于前明3所(岭南会馆、三山会馆、东莞会馆),始建于康熙时12所,建于雍正时1所,乾隆时16所,嘉庆2所,清后期10所,年代不详者1所。在功能上,商人会馆除了促成本土客商帮共同协商交易规范、维护客籍商帮在经商地的利益之外,重在发挥乡土宗亲的关系,还办理殡舍、义冢、善堂、义塾、留医所等善举,在联络感情、团结同乡商人、塑造商人道德、处理日常生活和商业交往中与当地商人的一切纠纷中发挥着十分重要的作用。清中叶快步行进的商人会馆,至道光以降便趋于停滞,而另一种商人组织——公所却赶上甚至超过了会馆,许多新设的(甚至是老的)不再称会馆而称公所。据统计,截至清末,明确称公所者苏州有162所(包括昆山、吴江县,不包括民国时成立的),上海有111所,大大多于清前期苏州、上海的会馆之数。公所是在经营地不分外来商人、本地商人共同按行业重新组合的商人及手工业者的组织,突出了其行业性,而且是某地的某行业的全行业组织。这与只限于外来同籍同帮商人的会馆来说,公所开始成为不分籍贯,包括本地、外地商人一起在内的同业组织,这为解决同一行业、市场不统一的矛盾方面具有明显的进步和发展。在职能上,公所为同业议事办公之所,主要在商品价格上、质量上、负担分配上、供销挂钩上、商业道德上,做到行业的规范化,以协调行业内部的关系,同时也针对同行业群体做一些资助老病废疾等善事。随着公所从地缘性组织向行业性组织转变,会馆和公所的行业性特征日渐显现,于是出现了更具纯行业性特征的行会组织,纷纷制定各自的“行规”“同业章程”等,在促进行业规范发展、维护市场有序竞争、保护劳动者合法权益等方面,具有一套自治、公认、有效的行业性自我治理体系。

三、绅士阶层在基层公共治理中发挥着独特的作用

在中国科举制的制度背景下,在宋、明、清等历史时期的基层社会存在一个十分重要而特殊的社会阶层——“绅士或乡绅”,是封建社会结构的“四民之首”。至于如何界定我国古代的这一特殊群体,国内外历史学家有不同的看法,观点各异。如费正清认为狭义的士绅是通过考试和捐纳取得功名的个人,而广义的士绅则是“一群家族”,因为“作为个人的士绅是公家官员,掌管政治和行政事务。但他们也

是处在家族关系中的成员，并依靠家族关系来维持他们的生计”。费孝通认为：“绅士是‘一群特殊的会读书的人物’，是退任的官僚或是官僚的亲亲戚戚。他们在野，可是朝廷内有人。他们没有政权，可是有势力，势力就是政治免疫性。”张仲礼认为：“绅士的地位是通过取得功名、学品、学衔和官职获得的，凡属上述身份即自然成为绅士集团成员。功名、学品和学衔都用以表明持该身份者的受教育背景。官职一般只授给那些其教育背景业经考试证明的人。”尽管学者们对中国明清时期绅士的界定存在不同的看法，但绅士作为“居乡之士”和“在野之官”的一个特定文化阶层，既拥有着国家所赋予的法律特权和经济特权，又在当地人民群众当中具有较高的认同度和威望，成为国家和民间社会的一个有效链接群体，在基层社会治理中发挥了独特的功能和作用。具体而言，这一特殊阶层在基层治理中主要发挥着如下功能：

(一)在维护社会秩序方面具有重要作用

例如绅士在家族中担当仲裁者的角色，由于绅士在本族中具有较强的影响力，处于族内的领导阶层，因此他们在处理家族事务和民事纠纷方面具有较强的威信度，这实际上是执法者的角色，绅士在这方面的权威是至高的，其效力绝不亚于法官，除了仲裁族内之事，绅士还帮助地方政府处理政事。

(二)倡导并积极参与社会自治实践活动

绅士或乡绅作为读书人，不管是纯粹的“绅士”，还是具有儒家背景的“绅商”，深受“以天下为己任”的儒家伦理责任思想的影响，他们除了帮助地方政府处理政事、维护社会秩序外，更强调自己在社会发展中的责任，直接投身民间社会的各种自治活动和地方公共产品的供给，如宋代大儒蓝田吕氏兄弟制定出最早的“乡约”，构筑了有效的社会自治格局，各地纷纷模仿。

(三)组织地方公共产品的供给

绅士阶层中大多通过各种名目掌握着丰厚的经济资产或土地，这为绅士阶层积极组织开展与普通百姓日常生活紧密相关的地方公共工程提供了条件，他们一般负责修桥、铺路等事宜，特别是一些跨县域的大型水利工程当中，绅士阶层发挥了主要负责人和推动者的角色，这些有效满足了农耕社会经济发展的需求。此外，绅士都是科举制度的受益者和热心支持者，兴办地方学务，借助捐建书院，修造贡院、社学、义学等方式提供公共教育、文化产品，都是绅士们义不容辞的职责，同时通过刊布善书（是绅士编纂的劝诫书籍，内容广泛如劝孝、敬字、劝止溺女、械斗、遏欲、戒杀、放生等）的方式，将儒家的礼教规范和道德观念通俗化、大众化，达到教化人民的目的。

（四）举办社会慈善事业和社会救助体系

绅士在地方福利事业中也扮演着十分重要的角色，一般通过组织各类善堂、善会、公所等形式，办理社会救济，善举内容主要有接济孝子、节妇等有德行而贫困的人，购置义冢，施棺殓葬，延医给药，助鳏恤寡，救济失业等，如提出"先天下之忧而忧"的范仲淹创办了范氏义庄，苏东坡在杭州创办了多家慈善性质的施医局，这两者均维持了数百年而不坠。

第二节　中国古代社会治理经验的借鉴

中国是一个富有智慧的文明古国。上文叙述表明，在几千年发展过程中对如何保持社会的稳定和谐发展方面，中国具备符合中国文化心理特征的一套机制和方法。尽管有些学者认为，现在社会经济发展了，人们的思想观念都发生了巨大的变化，这时候古人留下的历史已经不适合当今中国社会发展的现实，中国的社会治理需要寻求与西方民主政体相类似的治理方式。笔者以为，这种看法不完全正确，尽管我们的经济是得到了巨大的发展，但在社会治理这一系统工程中，更多的事情是围绕着人的事情，而只要围绕着人，任何制度建构也就不可能离开一个民族或国家长期以来形成的民族文化或社会心理特征，诸多政策的制定无法超越中国人特有的文化习惯。从这一点来说，尽管古代时期，我们在长期封建主义制度的影响下，在处理社会事务或人际关系中，可能过多地关注了人们之间的等级身份和礼法秩序来维护社会的有效、稳定与和谐，这看似与当今崇尚自由、法制、平等的价值观有一定的出入，但作为深受汉文化和儒家思想影响的礼仪之邦，古代的社会治理方法对当今中国推行的法律化、制度化、规范化的社会治理创新，仍有很大的参考价值和指导空间。笔者以为，中国古代社会治理的主要经验对当代的社会治理创新主要有三方面的借鉴：

一、德治和法治不可偏废

在中国古代社会治理进程中，主要产生过宗教神学控制论、道德约束观、礼乐治国体系、无为而治论、法家的社会控制思想等社会管理思想，先秦之后近两千年的封建社会中，虽然也有人提出了社会管理的一些具体新举措，但是在大的社会治理和控制方式的主张上，并没有变化，历朝历代社会治理的具体思想虽有差异，但基本上都是在上述五种思想的基础上发展而来的。而其中，儒家和法家思想的合流、儒家的伦理规范和法家的法律治理并行，成了主导的社会治理方式。特别是儒学在封建社会的大部分时期，都成为主流的意识形态。尽管古代社会管理思想都是建立在农业社会特点之上的，但笔者以为，对当今高科技发展为主的后工业社会、信息社会来说，德治和法治永远是治理好当今社会的两大法宝。这是因为，虽然在全球化发展的进程中，中国经济社会发生了前所未有的变化，人们追求自由、平等、幸福的权利意识全面觉醒，但我们的文化基因并没有因此而发生根本性的变化，不管我们多富有、多先进、多聪明，只要是在中国人的日常生活和人际关系中，还得遵守一些基本的秩序和规范，如父慈子孝、兄弟友爱、朋友有信、诚实友善、尊老爱幼、长幼有序等，这些实际上就是我们正在努力培育和践行的社会主义核心价值观，可以说，如果我们人人都不讲道德，并且老祖宗留下的许多传统礼仪规范和人际秩序大范围失范，社会治理也就是一件非常危险或困难的事情了。真正礼崩乐坏的时候，有再多的法律，也将是无济于事的。因此，古代社会管理告诉我们，首先我们要注重社会教育和个人修养，继续推行“德”“礼”“孝”等社会道德规范，提倡“修身、齐家、治国、平天下”的修养实践，全面重视官德和吏治建设、加强家庭美德建设、加强社会公德和乡规民约等建设，全面促进人们道德感情的培养，从根本上推动全社会道德环境建设。同时，法制和德治不可偏废，高度重视法制建设，依法有力地打击各种危害国家和社会的颠覆和破坏活动，确保国家和社会安定有序地发展。

二、国家力量和社会力量相结合

自古以来，围绕着巩固皇权的目标，古代中国建立了比世界上任何一个国家都健全的高度组织化的政治体系，通过等级化的官员组织体系，实施和发挥着一定的社会控制，如中央政权主要进行意识形态宣传、平乱、维持国防，为支撑自身的税收、选择继位者、新建公共工程等方面加以引导和控制。但根据权力的运行规则，正式的政治权力或皇权止于县，正因为如此，在县以下的广大基层社会领域，发育了多种多样的非正式权威或社会组织体系，如风俗、习惯、乡绅和地方的德高望重者、宗族组织、基层社会的精英等，在村落经济、礼仪活动等地方日常治理中，也都扮演着非常重要的角色。这些组织通过社会自治的方式，将国家权力和民间社会进行了有效的连接，帮助政府化解了存在于普通百姓中的各种利益矛盾，缓冲了国家权力和民众之间的直接对抗，对保持社会和谐稳定发挥了至关重要的作用。古代社会治理的这一成功经验表明，我们需要创立的一个高效的社会治理体系，应该是国家力量和社会力量相互结合的，关键是要重塑国家与社会之间的权力关系，国家在保持强大政治动员和组织能力的同时，要注重向基层社会组织放权，给公民个人或团体赋权，为社会成长提供更多更大的发展空间，让公民有更多机会参与各类社会组织，提升社会自治、社会互助的规模和力量，从根本上提高人们的政治参与水平、福利水平和生活质量，实现经济水平与社会资本的同步积累和同步成长。在此特别需要指出的是，当今中国的社会治理中，要充分肯定古代社会崇尚的家庭教育、家族规约等传统家训、家教、家风及其在社会自治运转中发挥的独特功效和作用，在家庭规模日益缩小的当下，我们更应该注重家庭、家教、家族、村规民约等因素在一个人成长中的作用，为社会自治培育更强大的多元社会力量。

三、正确处理中央和地方之间关系

综观中国几千年发展的历史发现，能否处理好中央政府与地方政府的关系，是关乎一个朝代安危的重大事宜。自中国秦王朝建立统一的中央王权以来，大一统的理念深入人心，“王权至上、国家统一、一统天下”等理念，成了中国社会的主流思潮。社会安危与中央的政治清明和统治力之间存在着密切关联，整个国家的安危系于王权，这是中国社会治理的一个显著特征，统一的社会信念和中央政权的统一与强大，是整个社会安定的前提和关键。而恰恰历朝历代更替的一个共同原因就是中央政权的弱化，历史上，中央政权的分裂往往是国家分裂和社会动荡的先行因素。因此，这一点对当前的社会治理和国家建设而言，既是一个非常重要的经验，更是一个值得警惕的教训。这一点启示我们，在中国这样一个人口众多、民族众多的发展中大国，要想保持社会的和谐稳定，必须得保持一个强有力的中央政府或中央领导集体，能够审时度势从战略高度出发，适时制定并坚决执行有利于改善民生、保持稳定、促进和谐的重大政治、经济、社会和文化政策，特别是要坚决制止各级政府和官场中存在的腐败行为。唯有实现强大中央政府与服务型地方政府的协同配合，才会实现全社会的整体和谐与稳定。

第三章　新常态与创新社会治理

2008年金融危机以后,中国经济出现了由高速增长进入中高速增长、结构优化、动力转换的“新常态”发展时期,新常态也伴随着新问题、新矛盾,一些潜在风险渐渐浮出水面。能不能适应新常态,关键在于全面深化改革的力度。党的十八届三中全会指出,全面深化改革的总目标是完善和发展中国特色社会主义制度,推进国家治理体系和治理能力现代化。创新社会治理体制是推进国家治理体系和治理能力现代化的重要内容。本章结合中国新常态发展格局,按照国家治理体系和治理能力现代化要求,阐明创新社会治理体制的基本任务,梳理总结近年来社会治理创新的成效,同时分析了新常态时期创新社会治理体制面临的重大瓶颈,为创新社会治理的总体框架提供依据。

第一节　新常态与国家治理体系现代化

一、新常态及社会治理新要求

自党的十八大以来,党中央根据中国经济发展变化的诸多新趋势、新特点,全面提出了中国经济发展进入“新常态”的论断,这成为“十三五”乃至更长时期我国经济社会发展的基本态势。一般而言,经济新常态主要有三个特点:一是从高速增长转为中高速增长。二是经济结构不断优化升级,第三产业消费需求逐步成为主体,城乡区域差距逐步缩小,居民收入占比上升,发展成果惠及更广大民众。三是从要素驱动、投资驱动转向创新驱动。与此相适应,中国的社会发展也进入新常态时期,呈现社会结构更加复杂多元、利益分化更加明显、民生诉求全面升级、网络社会生态更加复杂的特点,社会治理表现出更加重视基本权利的保护、更加强调法治的力量、更加注重基层治理、更加重视互联网治理、更加关注公共安全治理、更加强调社会组织的作用、更加重视社会人才的专业培养等基本趋势和要求。经济发展的新常态预示着我国经济社会的改革进入深水区和攻坚期,将会有一系列新矛盾、新问题和新风险不断浮出水面,而如何适应和把握新常态,引领新常态,关键在于实行经济和社会制度的系统配套和全面深化改革,构筑有限政府与责任社会相统一的综合社会治理新体系。

二、国家治理体系和治理能力现代化的提出

为适应和引领新常态发展,党的十八届三中全会全面提出我国深化改革的总目标是"完善和发展中国特色社会主义制度,推进国家治理体系和治理能力现代化",这是来源于西方的"治理"一词,首次进入党中央的规划性文本,预示着在当今全球化、市场化、城市化、信息化背景下,我国的传统国家管理模式走向转型和升级,必将推动我国政府社会管理体制发生重大变革。党的十八届五中全会又提出"加强社会治理基础制度建设,构建全民共建共享的社会治理格局,提高社会治理能力和水平,实现社会充满活力、安定和谐"。国家治理体系和治理能力现代化既是共建共享社会治理格局的重要目标,也是新时期创新社会治理的重要行动指南。

(一)国家治理体系的基本内容

一般认为,国家治理体系由经济治理、政治治理、文化治理、社会治理、生态治理五大体系构成,但这种纵向治理体系的观点,实际上是一种各自为政、部门化的思路,无法从根本上建构起系统、整体、协同的治理格局。根据全球"治理"思想、世界发达国家治理实践和中国国情相结合的视角来看,具有中国特色的"国家治理体系",应该包括五大基本内容。

一是治理结构体系:"党、政、企、社、民、媒"六位一体。治理结构解决的是"治理主体是谁""治理主体之间是什么关系"两大问题。首先,要有多元化、负责任的治理主体。具有中国特色的国家治理结构应该包括中国共产党(民主党派)、国务院及各级地方政府、混合型市场企业(国有、私有;内资企业、外资企业;跨国企业、本土企业等)、各类社会组织(科技型、公益型、服务型等;全球型、本土型等)、广大人民群众、各类媒体(传统媒体和新型媒体)六大主体,缺一不可。其次,要有边界清晰、分工合作、平衡互动的多主体和谐关系。其中,处理好政府与市场、政府与社会之间的关系,是多元化治理主体之间的两大核心关系,关键在于厘清各自的权限

边界,把本应该属于市场、社会的职能,完全交给市场和社会处理,政府重点履行好宏观调控、公共服务、维护社会规则等职能。

二是治理功能体系:动员、组织、监管、服务、配置五大功能。功能体系解决的是“治理体系主要发挥什么作用”的问题。这一体系主要发挥五大方面的作用:①社会动员功能。良好完备的治理体系,能够有效发挥社会动员功能,在经济、政治、文化、社会、生态、党建等各个领域的深化改革中,取得最大的社会共识,凝聚社会合力。②社会组织功能。即良好的国家治理体系,可以把个体化、原子化的社会主体(企业、个人等),融入特定类型、特定目的的各类组织体系之中(如党组织、单位组织、社会组织、民众自治组织等),提高国家与社会的组织化程度,谋求个人利益、集体利益和国家利益的统一。③监管功能。即国家治理体系在帮助实现市场和社会不断走向自由、民主、发展的同时,需要一套完备的监督手段,对各类经济主体、政治主体和社会主体实施宏观监控,保持国家政治、经济和社会的总体和谐稳定。④服务功能。即顺应经济社会发展的趋势和要求,最大限度地提供规模化、优质化、多样化的公共服务和社会保障,满足人民群众日益提高的多元化物质文化与精神需求,是国家治理体系保持长久运转的基础保障。⑤配置功能。即良好的国家治理体系,应该实现经济资源的市场化配置(让市场在资源配置中发挥决定性作用)、社会服务资源的社会化配置,通过建设科学化的资源配置机制,全面提高资源配置效率,充分挖掘国家发展的活力。

三是治理制度体系:法制、激励、协作三大基本制度。治理制度体系解决的是“如何保障治理结构有效运转”的问题。建构好治理主体、明确了治理功能后,重点要有一套完备的法律和制度体系,保障治理体系的有效运转。制度作为软实力,在某种程度上,直接决定着国家治理体系的成败。笔者以为,需要确立三大根本性制度体系:①法制体系。即在经济建设、政治建设、文化建设、社会建设、生态文明建设等领域,适时更新和建立成套的法律体系,把所有的政治活动、经济活动、社会活动、文化活动、生态活动,全纳入法律框架体系之下,严格执法,严厉杜绝非法犯罪活动的产生和蔓延。②激励制度体系。通过制定科学、有效的激励体系,最大限度地调动所有领域的多元化主体,在合法前提下,激发和释放内在潜能和活力,促进国家各领域主体“从一般走向优秀、从优秀走向卓越”的纵向流动,协同推动个人和国家不断走向进步。③协作制度体系。在强调各领域、各条线依法高效运转的同时,强调纵横交叉协作,是国家治理体系的根本要义。为此,大到全球治理、次区域治理,小到主体功能区治理、地方治理、城市治理、特定问题治理等,需要一套完备的国际间、政府间、部门间、公私间的跨界协作制度体系,化解冲突和矛盾,在互动合作中寻求整体利益最大化。

四是治理方法体系:法律、行政、经济、道德、教育、协商六大方法。治理方法体系解决的是"具体靠什么手段进行治理"的问题。国家治理是一个综合系统,需要多元方法和手段的协同使用。主要包括六大治理手段:①法律手段。这是首先需要采用的手段,对违反法律的一切行动,都要依法严厉打击和制止,创建法治型国家。②行政手段。作为一个拥有庞大行政体系的大国,在经济、社会等多个领域,适时采取高效的行政命令、指示、规定等措施,依然具有一定的必要性和重要性。③经济手段。特别是在全面建立社会主义市场经济的过程中,更多的要采取财政、税收、货币、价格等符合价值规律的经济手段,引导宏观经济的协调高效发展。④道德手段。依法治国和以德治国并重,是中华五千年总结的有益经验,我们要传承和发扬中国传统文化的德治精髓,加强社会公德建设,引导个体加强自我约束,实现社会和谐。⑤教育手段。除了正规的学历和职业教育,更要强调各行各业开展继续教育和民众社会教育,让每个个体与时俱进,解放思想,更新观念,发挥潜能,激发活力。⑥协商手段。按照民主协商的总要求,在政治、经济、社会、文化、生态等领域,建立健全多主体协商机制,疏通利益表达渠道,扩大民主参与,促进社会公平发展。

五是治理运行体系:自上而下、自下而上、横向互动三大运行方式。治理运行体系解决的是"治理体系采取何种方式、何种路径运转"的问题。需要三大运作方式:首先,自上而下方式。即通常所说的顶层设计,这是大国治理必须依靠的治理方式,关键在于处理好中央政府与地方政府、上级政府与下级政府之间的权责关系,坚决贯彻落实有益政策,根除"上有政策、下有对策"的对抗性做法,实现政策不走样、不变味。其次,自下而上方式。即通常所说的"摸着石头过河",诸多领域的改革创新,可依靠地方层面先行先试,等掌握了规律、积累了经验以后,再向全国推行和推广,降低改革风险与成本。最后,横向互动方式。即通常所说的"学习借鉴",在不同领域、不同主体之间通过互动、走访、学习等过程,可以实现协同效应、整合效应、创新效应。

(二)治理能力现代化的基本内涵

治理能力现代化是中央政府提出的一个全新概念,目前还没有一个统一、权威的官方界定,对此诸多专家学者进行了大量的解读。如俞可平认为"中央提出国家治理体系和治理能力的现代化,这实际上提出了政治现代化的任务。衡量一个国家的治理体系是否现代化,至少有五个标准。首先是公共权力运行的制度化和规范化,它要求政府治理、市场治理和社会治理有完善的制度安排和规范的公共秩序;其二是民主化,即公共治理和制度安排都必须保障主权在民或人民当家做主,所有公共政策要从根本上体现人民的意志和人民的主体地位;其三是法治,即宪法和法律成为公共治理的最高权威,在法律面前人人平等,不允许任何组织和个人有超越法律的权力;其四是效率,即国家治理体系应当有效维护社会稳定和社会秩序,有利于提高行政效率和经济效益;其五是协调,现代国家治理体系是一个有机的制度系统,从中央到地方各个层级,从政府治理到社会治理,各种制度安排作为一个统一的整体相互协调,密不可分"。高小平认为,"治理能力现代化"主要是指处理好政府、市场、社会的关系,是要把治理体系的体制和机制转化为一种能力,发挥其功能,提高公共治理能力。等等。可见,各种观点不尽一致,解释呈现明显的多样化。

"治理能力现代化"主要是指以国家治理体系为基础,借助制度、机制、政策、技术等因素,促使国家多元治理能力保持协调进步、务实高效的一种趋向与状态,为解决国内外各类公共问题、促进国家和谐民主发展的软实力。任何一种治理能力,都是以党政干部或官员、企业家、社会组织领导者、社会民众等多元社会主体为载体,通过具体的互动合作行为和效果加以表现的。"治理能力现代化"至少包括两层含义:一是,能力结构,即明确治理能力到底应该包括哪些能力体系。二是,能力功能,即明确能力发展趋向,这些能力应该往什么方向发展,应该达到什么样的状态,发挥怎么样的治理效果。据此,"治理能力现代化",实质上就是在一个国家范围内,多元社会主体之间互动合作、集体行动的多元能力体系及其提升过程,实现由良好多元主体合作治理的"善治"格局,是治理体系现代化的终极目标。如果从中国国情出发来看的话,"治理能力现代化"至少应该包含以下"五种能力、五种状态":

一是,决策能力的民主科学化。党和政府是国家治理的主要主体之一,除了政党具备坚强的领导力,发挥核心领导作用外,更需要政府具备强有力的履职能力,其中民主科学化的决策能力,是第一位的。尤其在当前信息大爆炸、客观环境复杂多变的复杂局势下,如何创新决策机制,按照科学化、民主化的要求,对国内外重大发展事宜做出科学、客观、准确的判断与决定,减少经济社会发展中的失误以及决策不合理而带来的资源浪费,降低发展风险,直接决定着一个国家和一个地区经济社会进步的方向与进程,更考验着中央和地方政府的实践驾驭能力。因此,具备和实现决策能力的民主科学化,是治理能力现代化的重要内容和要求,这就要求我们在决策体系建设中,不断创新和完善决策机制,努力建立与市场化、全球化、社会开放化、流动化、民主化发展趋势相适应的现代决策机制,开辟渠道听取社会民众的决策意见或建议,尤其是一些专业性强、技术性强的重大事项,要开展专家决策咨询、技术咨询、决策评估等方法和手段,积极探索互联网、社交媒体、大数据等现代技术手段在公共决策中的应用,全面提高决策的科学化、民主化水平。

二是,执行能力的公开法制化。在科层制的行政管理体系中,按照行政级别的层级,逐级贯彻执行一系列正确的公共政策和方针政策,确保强有力的政策执行能力,让政策落到实处,是关乎政策绩效、国家治理能力和水平的一个关键因素。但在实践中,因政府职能和权限的划分,很多时候,不同政府之间总是存在某些博弈的情况,在政策执行的过程中,经常出现"上有政策、下有对策""观望""拖延"等不作为或乱作为行为,要么不好好执行已经指定的法律法规和政策,要么在执行过程中变通、变样执行,从而在现实中一些政策、法律没有得到严格的执行而引发了很多的问题,直接结果就是各类政策的违法暗箱操作与政治腐败,以及司法不公判决而带来的各种社会不平等现象等。因此,最大限度地优化政策执行环境,减少来自不同领域或权力对政策、法律的干扰,确保各类公共政策和法律得到公开、公平、公正地执行,依法严格执行,全面提高政府系统的政策执行力,是当下我们推动治理能力现代化的重要任务和议题。没有公开、法制化的执行能力,制定再多的法律、规章和再好的政策措施,永远无法解决我们身边的各种矛盾和问题。

三是,调控能力的协调统筹化。作为一个国家或地区,处于全球化、区域化、信息化的大环境中,经济社会的发展与外部世界紧密相连,特别是当今信息化、网络化的新时期,发生在全球各地的经济危机、政治危机、社会危机具有更加明显的传导效应。因此,如何从全球视角出发,高度关注政治、经济、社会运行的基本态势,采取灵活有效的手段,发挥应有的宏观调控作用,保持经济平稳运行、政治稳定、社会和谐,预防发生各类风险,既是政府的责任,也是政府治理必备的能力。而这种强有力的调控力,应该突出协调统筹的特征,一方面,从调控手段上看,要综合协调应用行政、经济、法律、科技、道德等多种手段,以获取最佳调控效果。另一方面,作为一个人多地广的发展中大国,中国任何政策的出台或调整,都要注重统筹能力,即统筹国内外、统筹城乡、统筹区域、统筹人与资源等重大关系,最大限度地降低政策调整的各种成本,保持经济社会的总体平稳运行。

四是,协同能力的互动合作化。"治理"与"统治"最大的区别,就在于治理主体的多元化、治理方式的非正式协作与治理资源的整合化,而其中,政府处于核心地位,是绝大多数资源的拥有者、分配者以及公共服务的主要提供者。实现国家、市场、社会三个基本领域力量的相对均衡、相互适应、相互协作,即达到"强政府、强市场、强社会"的格局,才会真正达到治理能力现代化的状态和目标。这说明,治理能力现代化,要求政府必须得具备或拥有一种政策引导和社会协同的能力,明确经济社会发展的总体目标和方向,全面激发各类社会主体的积极性和创造力,让市场、社会、民众等多元力量都参与国家治理进程,实现不同领域力量的均衡、功能的互补、利益的互惠,在不断促进社会团结和凝聚力的过程中深化改革、谋求发展。但是,这种协同能力的强弱,是由政府与其他主体之间关系所决定的。唯有通过政府职能的不断转移,政府与政府、政府与社会、政府与市场之间形成真正的合作伙伴关系,走向合作、互动的制度化,实现政府治理与市场治理、社会治理的良性互动,一个国家或地区才会有效应对人口增长、经济发展对公共服务、收入再分配、公众参与等提出的新需求,保障国家走向良性发展道路。

五是,改革能力的综合配套化。治理能力现代化是一个动态的过程,更是一个与现实世界紧密相关和相适应的状态,因此,一个国家或政府能否审时度势,适时适地地推动相关领域不断创新改革动力和改革能力,是不断增强国家治理弹性,提升治理能力的重要内容和途径。这一改革能力包含着政治体制改革、经济体制改革、社会体制改革、文化体制改革、生态文明体制改革"五位一体"的全局领域,具体表现为改革框架的顶层设计能力,改革勇气、决心、信心,改革动力,改革领导力,改革执行力,改革创新力等。但是,比改革本身更重要的是,这一改革能力强调实现综合化、系统化、配套化，多领域改革要步调一致、协同推动，全面深化改革，而不是表面化的小修小补。

三、构筑全民共建共享社会治理格局的新任务

在国家治理体系和治理能力现代化的总体目标指引下，党中央对社会治理做出了更加符合中国国情和社会经济发展实际的新解释、新论断，从党的十八大提出“五位一体”的总体布局到十八届三中全会提出的“创新社会治理体制”、十八届五中全会提出“创新、协调、绿色、开放、共享五大发展理念”“加强和创新社会治理……推进社会治理精细化，构建全民共建共享的社会治理格局”，到十八届六中全会提出全面从严治党的逻辑表明，当下及未来一段时期的社会治理创新，需要主动适应和引领经济社会发展的新常态，以共建共享为核心，加大治理理念、体制机制和具体举措的改革创新，坚持以人为本，坚持把实现好、维护好、发展好最广大人民的根本利益作为出发点和落脚点，通过更有效的社会基础制度安排，从单纯的政府管理向政府主导下多元主体的协同治理转变，将政府治理、社会协同和公众参与结合起来，将物质层面的利益协调与精神层面的共识凝聚结合起来，将“共建”的治理过程与“共享”的治理目标结合起来，最大限度调动一切积极因素，实现社会的协调、平衡、可持续和包容性发展，在深刻变革中保持社会既生机勃勃又和谐稳定。根据《中华人民共和国国民经济和社会发展第十三个五年规划纲要》提出的“完善党委领导、政府主导、社会协同、公众参与、法治保障的社会治理体制，实现政府治理和社会调节、居民自治良性互动，全面构建全民共建共享的社会治理新格局”的要求，重点需要完成以下任务：

（一）完善党委领导、政府主导、社会协同、公众参与、法治保障的社会治理体制，坚持系统治理、依法治理、综合治理和源头治理，提高政府治理能力和水平

一是，树立全民共建意识，推进社会治理社会化。在发挥好党委领导、政府主导作用的同时，更要发挥好企事业单位、社会组织和基层自治的作用，引导社会成员增强主人翁精神，激发社会自治、自主、能动力量，让大众的问题由大众来解决。二是，树立规则意识，推进社会治理法治化。要善于运用法治思维构建社会行为有预期、管理过程公开、责任界定明晰的社会治理制度体系，善于运用法治方式把社

会治理难题转化为执法司法问题加以解决。三是，树立精准意识，推进社会治理精细化。提升社会治理现代化水平，就要培育以尊重事实、推崇理性、强调精确、注重细节为主要特征的“数据文化”，把精细化、标准化、常态化理念贯穿于社会治理全过程。

（二）加强社会治理基础制度建设

社会治理现代化中，制度建设具有全局性、根本性作用。科学的社会治理理念和实践经验只有转化为普遍适用的制度，才能成为加强和创新社会治理的巨大力量。一是，建立国家人口基础信息库。要加快国家人口信息管理系统升级改造，深入推进居民身份证换发、异地办理和指纹信息登记工作，建立户口和身份证信息联网查询比对制度，逐步实现跨部门、跨地区信息整合和共享，确保基础信息全面、准确。二是，完善社会信用体系。推进守法诚信，既要加强教育，更要强化制度约束，形成守法诚信长效机制。要加快建立基于居民身份证号码的信任根制度，以保障实名制的落实。建立统一社会信用代码制度和相关实名登记制度，推行手机号码、银行卡、网络实名制，消除网上网下各领域虚假身份。建立违法犯罪记录与信用、职业准入等挂钩制度，强化对守信者的鼓励和对失信者的惩戒。坚持推行实名制和保护公民个人信息安全并重，健全用户信息保护制度，加强对用户个人隐私、商业秘密的保护。

（三）健全社会治理机制

一是，健全利益表达和公众参与机制。要完善行政复议、仲裁、诉讼等法定诉求表达渠道，发挥人大、政协、人民团体、行业协会等利益表达功能，对关系公众切身利益的重大决策，以居民会议、议事协商、民主听证等形式，广泛征求公众意见建议。全面推行阳光信访，尽快实现国家信访信息系统全面联通，把网上信访打造成群众信访主渠道。积极推进网络参政议政，搭建党委和政府同群众沟通交流新平台。完善村务公开、居务公开、民主评议等途径，加强公众监督评估。二是健全利益协调机制。要围绕涉及群众利益的事项，按照协商于民、协商为民原则，积极推动有关部门、单位多同群众商量，确保各项工作更好地顺乎民意。依法保障居民知情权、参与权、决策权和监督权，把社会稳定风险评估作为重大决策前置程序，努力使评估过程成为倾听民意、化解民忧、赢得群众理解支持的过程，预防和减少决策不当引发的社会矛盾。三是健全利益保护机制。要树立把改革发展成果更多惠及百姓的理念,围绕教育、就业、医疗、养老、住房等民生问题,办大事、办实事,让群众得到实惠、看到希望。发挥好司法救济功能,依法严厉打击农村土地征用、城镇房屋拆迁、企业改制等过程中损害群众利益的违法犯罪行为,确保群众权益受到公平对待、利益得到有效维护。四是,健全社会心理服务体系和疏导机制、危机干预机制。要开展社会关爱行动,发展社会专业服务机构,加强社会工作专业人才队伍和社会志愿者队伍建设,关心帮助困难家庭和个人。建立健全心理卫生服务体系,积极开展心理调节疏导工作,建立心理危机干预预警机制,防范和降低社会风险。对生活失意、心态失衡、行为失常的,按照"一把钥匙开一把锁"的要求,加强人文关怀和心理辅导、援助,引导其依法理性处理问题,防止发生极端事件。

(四)增强社区服务功能,发挥社会组织作用,增强社会自我调节功能

一是,增强社区服务功能。完善城乡社区治理体制,依法厘清基层政府和社区组织权责边界,建立社区、社会组织、社会工作者联动机制。健全城乡社区综合服务管理平台,促进公共服务、便民利民服务、志愿服务有机衔接,实现一站式服务。实现城市社区综合服务设施全覆盖,推进农村社区综合服务设施建设。提升社区工作者队伍职业素质。二是,发挥社会组织作用。健全社会组织管理制度,形成政社分开、权责明确、依法自治的现代社会组织体制。推动登记制度改革,实行分类登记制度。支持行业协会商会类、科技类、公益慈善类、社区服务类社会组织发展。加快行业协会商会与行政机关脱钩,健全法人治理结构。推进有条件的事业单位转为社会组织,推动社会组织承接政府转移职能。加强综合监督和诚信建设,更好地发挥自律、他律、互律作用。三是,增强社会自我调节功能。引导公众用社会公德、职业道德、家庭美德、个人品德等道德规范修身律己,自觉履行法定义务、社会责任和家庭责任,自觉遵守和维护社会秩序。加强行业规范、社会组织章程、村规民约、社区公约等社会规范建设,充分发挥社会规范在协调社会关系、约束社会行为等方面的积极作用。

(五)完善社会信用体系

一是,健全信用信息管理制度。全面实施统一社会信用代码制度。制定全国统一的信用信息采集和管理标准。依法推进信用信息在采集、共享、使用、公开等

环节的分类管理,加强涉及个人隐私和商业秘密的信用信息保护。加快推动信用立法。二是,强化信用信息共建共享。建立信息披露和诚信档案制度,加快完善各类市场主体和社会成员信用记录。加强部门、行业和地方信用信息整合,建立企业信用信息归集机制,完善全国信用信息共享平台,建设国家企业信用信息公示系统。依法推进全社会信用信息资源开放共享。三是,健全守信激励和失信惩戒机制。建立守信奖励激励机制。在市场监管和公共服务过程中,对诚实守信者实行提供便利化服务等激励政策。健全多部门、跨地区、跨行业联动响应和联合惩戒机制,强化企业信用依法公示和监管,建立各行业失信黑名单制度和市场退出机制。四是,培育规范信用服务市场。建立公共和社会信用服务机构互为补充、信用信息基础服务和增值服务相辅相成的多层次信用服务组织体系。推动信用服务产品开发创新和广泛运用。支持征信、信用评级机构规范发展,提高服务质量和国际竞争力。健全征信和信用服务市场监管体系。

(六)健全公共安全体系

一是,全面提高安全生产水平。建立责任全覆盖、管理全方位、监管全过程的安全生产综合治理体系,构建安全生产长效机制。完善和落实安全生产责任、考核机制和管理制度,实行党政同责、一岗双责、失职追责,严格落实企业主体责任。加快安全生产法律法规和标准的制定修订。改革安全评审制度,健全多方参与、风险管控、隐患排查化解和预警应急机制,强化安全生产和职业健康监管执法,遏制重特大安全事故频发势头。加强隐患排查治理和预防控制体系、安全生产监管信息化和应急救援、监察监管能力等建设。实施危险化学品和化工企业生产、仓储安全环保搬迁工程。加强交通安全防控网络等安全生产基础能力建设,强化电信、电网、路桥、供水、油气等重要基础设施安全监控保卫。实施全民安全素质提升工程。二是,提升防灾减灾救灾能力。坚持以防为主、防抗救相结合,全面提高抵御气象、水旱、地震、地质、海洋等自然灾害综合防范能力。健全防灾减灾救灾体制,完善灾害调查评价、监测预警、防治应急体系。建立城市避难场所。健全救灾物资储备体系,提高资源统筹利用水平。加快建立巨灾保险制度。制定应急救援社会化有偿服务、物资装备征用补偿、救援人员人身安全保险和伤亡抚恤等政策。广泛开展防灾减灾宣传教育和演练。三是,创新社会治安防控体系。完善社会治安综合治理体制机制，以信息化为支撑加快建设社会治安立体防控体系，建设基础综合服务管理平台。大力推进基础信息化、警务实战化、执法规范化、队伍正规化建设。构建群防群治、联防联治的社会治安防控网，加快推进网上综合防控体系建设。实施社会治安重点部位、重点领域、重点地区联动管控和排查整治。加强打击违法犯罪、禁毒、防范处理邪教等基础能力建设。四是，强化突发事件应急体系建设。建成与公共安全风险相匹配、覆盖应急管理全过程和全社会共同参与的突发事件应急体系。加强应急基础能力建设，健全完善重大危险源、重要基础设施的风险管控体系，增强突发事件预警发布和应急响应能力，提升基层应急管理水平。加强大中城市反恐应变能力建设。强化危险化学品处置、海上溢油、水上搜救打捞、核事故应急、紧急医疗救援等领域核心能力，加强应急资源协同保障能力建设。建立应急征收征用补偿制度，完善应急志愿者管理，实施公众自救互救能力提升工程。提高境外涉我突发事件应对能力。

（七）建立国家安全体系

一是，健全国家安全保障体制机制。制定实施政治、国土、经济、社会、资源、网络等重点领域国家安全政策，明确中长期重点领域安全目标和政策措施，提高应对各种风险挑战的能力。加强国家安全科技和装备建设，建立健全国家安全监测预警体系，强化不同领域监测预警系统的高效整合，提升安全信息搜集分析和处理能力。建立外部风险冲击分类分等级预警制度。加强重大安全风险监测评估，制定国家安全重大风险事件应急处置预案。健全国家安全审查制度和机制。对重要领域、重大改革、重大工程、重大项目、重大政策等进行安全风险评估。建立重点领域维护国家安全工作协调机制，加强国家安全工作组织协调。二是，保障国家政权主权安全。建立健全跨部门跨地区联合工作机制，依法严密防范和严厉打击敌对势力渗透颠覆破坏活动、暴力恐怖活动、民族分裂活动、宗教极端活动。加强反恐怖专业力量建设。加强反恐国际合作。加强反间谍工作。加强网上主权空间对敌斗争和网络舆情管控，遏制敌对势力和恐怖势力利用网络空间进行渗透破坏活动。加强边境技防体系建设。高度重视做好意识形态领域工作，切实维护意识形态安全。三是，防范化解经济安全风险。坚持底线思维、预防为主，维护战略性资源、关键产业、财政金融、资本跨境流动等领域国家经济安全。加强重要经济指标的动态监测和研判，制定重要经济领域风险应对预案。统筹应对去过剩产能、去商品房库存和去债务杠杆过程中的财政金融风险，以可控方式和节奏主动释放风险。加强对金融市场异常波动、风险传递和金融新业态风险的监管应对。完善全口径政府债务管理，推动地方政府融资平台市场化转型，有效化解地方政府债务风险。拓宽银行业不良资产处置渠道，完善流动性风险管理工具和应急预案，严厉打击非法集资。防范企业债务风险。提高能源、矿产资源、水资源、粮食、生态环保、安全生产、网络等方面风险防控能力。健全国家战略物资储备，构建产品产能产地储备相结合的国家战略资源能源储备体系。

第二节　中国创新社会治理体制的主要成效

自党的十八届三中全会以来，中央政府和各地政府在党中央全面创新社会治理的政策要求下，按照“新常态”和“大众创业、万众创新”的新趋势和新要求，推行了一系列行之有效的社会治理创新举措，取得了实质性的进展，主要表现在如下几个方面：

一、在简政放权中推进社会治理体制创新

继续转变政府职能，坚决实施简政放权改革，加快向社会赋权，构筑清晰的政府与社会关系，既是国家治理体系的重要内容，更是创新社会治理的重要依托和保证。正如2013年李克强总理履职伊始表示“市场能办的，多放给市场。社会可以做好的，就交给社会。政府管住、管好它应该管的事”。因此，深化简政放权的改革，成为中央新一届政府全面深化改革的第一步。2013年，国务院机构改革有序实施，分批取消和下放了416项行政审批等事项，修订政府核准的投资项目目录，推动工商登记制度改革；2014年再取消和下放行政审批事项200项以上，并建立了权力清单制度，清单之外一律不得实施审批。近年来，中央政府主要围绕行政审批、投资审批、职业资格认定许可、政府收费清理、商事制度改革（推进工商营业执照、组织机构代码证、税务登记证“三证合一”，实现“一照一码”）等领域，对简政放权做出了总体性要求和安排。根据国务院的要求和统一部署，各级政府继续深化行政审批制度改革，转变政府职能，取消和下放一批行政审批事项，清理和规范中

介收费项目,编制权力清单和责任清单,把政府管不了、管不好、不该管的事项交给市场和社会去管理,规范行政权力,创新监管方式,提升服务质量,加大政府向社会力量购买服务的力度,不仅向社会放权,而且向社会投入更多的资源,培育社会主体健康成长。政府和社会的边界逐渐明晰,使得社会具有更大的自主权和更大的发展空间。政府和社会的关系得到改善,为形成政府治理、社会调节、居民自治的良性互动格局创造了条件。

二、在重心下移中强化基层社会治理

党中央和各级党委政府越来越清醒地认识到,社会治理的重点和难点都在基层,上面千条线下面一根针。2015 年,中办、国办先后印发《关于加强城乡社区协商的意见》(中办发〔2015〕41 号)、《关于深入推进农村社区建设试点工作的指导意见》(中办发〔2015〕30 号),民政部会同中组部印发《关于进一步开展社区减负工作的通知》(民发〔2015〕136 号),进一步完善了基层社会治理的定位、架构、方法等,为加强和创新基层社会治理奠定了制度基础。各地按照"重心下移、力量下沉、保障下倾"的要求,推进街道和社区管理体制改革。全国各地普遍推进社区减负工作,向社区投放和转移更多的人财物等资源。社区、社工、社会组织"三社联动"的局面正在形成,社区新型治理的模式和做法不断涌现。"网格化管理""门栋自治""院落自治""楼宇自治""业主自治""社团自治"等多种社区治理形式在许多地方推行。

三、在社会组织改革中激发社会发展活力

随着中国经济体制改革和社会改革的深入,以及经济下行的压力,清理不合理的行政壁垒,降低市场交易成本,为"大众创业,万众创新"营造更为公平的外部环境,国家按照政社分开、权责明确、依法治理的原则,坚持一手抓发展、一手抓管理,引导和规范社会组织健康发展。2013 年以来,中央连续出台规范性文件,内容涉及对社会组织参与社会治理的扶持、对官办社会组织(主要是各级行政机关与其主办、主管、联系或挂靠的行业协会商会)以及群团组织的体制改革问题等,主要政策文件有 2013 年 9 月 30 日出台的《国务院办公厅关于政府向社会力量购买服务的指导意见》(国办发〔2013〕96 号)、2015 年 9 月 28 日中共中央办公厅印发《关于加

强社会组织党的建设工作的意见(试行)》和2016年12月财政部、民政部联合发布的《关于通过政府购买服务支持社会组织培育发展的指导意见》等。2015年,全国民政部门登记的社会组织达到63.8万个。各地普遍采取积极措施,建设社会组织"孵化器"、培育基地,通过为入驻社会组织提供行政办公后勤、政策法律咨询、项目策划、服务指导、交流培训、资源链接以及财务托管、人事托管、网站托管等一系列服务,为社会组织的发育成长提供便利条件,提升社会组织发展能力,激发社会组织活力。2015年7月8日中办国办印发的《行业协会商会与行政机关脱钩总体方案》以及7月9日全文印发的《中共中央关于加强和改进党的群团工作的意见》,对工会、妇联、共青团为代表的群团组织改革发展指明了方向,为焕发群团组织的生机活力、有效参与社会治理注入了强大动力。为响应国家加大清理和规范行政中介的力度,各地纷纷响应,如安徽省日前公布全省行业协会与行政机关脱钩实施方案,规定从2016年起正式启动"红顶中介"行政脱钩工作,2018年1月起,取消全省性行业协会商会的财政直接拨款;领导干部退(离)休后三年内不得到行业协会商会兼职等;山西则采取"负面清单"制度,对清理规范后保留的中介服务收费,实行目录清单管理,在政府门户网站公布,清单外无政府定价管理的收费。

四、在信息化建设中统筹现实社会和虚拟社会的治理

由于信息技术和互联网的快速发展,信息网络社会以高度开放性、虚拟性、无边界性的特征,在促进经济社会创新性发展的同时,也给传统现实社会治理带来了巨大的挑战。因此,一方面,如何充分发挥互联网的优势,利用大数据等技术,推动社会治理的有效性和现代化,让科技使得人们的生活变得更加美好;另一方面,如何依法规范虚拟网络社会保持应有的合理秩序,减少网络社会的敲诈勒索、传播不文明信息、信息泄露等负面功能,成为现代社会治理体制创新遇到的新情况、新问题和新任务。为此,近年来国家相继推动"互联网+"(《国务院关于积极推进"互联网+"行动的指导意见》)和大数据战略的同时,建立了国家网上信访系统,鼓励和支持群众运用网络手段表达意见、反映诉求。在享受信息化建设成果的同时,进一步加强对互联网上的虚拟社会治理力度,先后出台的《即时通信工具公众信息服务发展管理暂行规定》("微信十条")、《互联网用户账号名称管理规定》("账号十条")和《互联网新闻信息服务单位约谈工作规定》("约谈十条")表明,互联网信

息主管部门正采取“柔性的治理方式”，通过划定“底线”以及号召“自律”来解局，强调“底线思维”，规范网民上网行为。各地纷纷开展智慧城市、智慧社区建设，充分运用现代科技信息手段推进社区治理网格化和精细化，运用“互联网+”进行社会治理方式创新。

五、在构建公共安全体系中防范和化解各类风险隐患

坚持安全发展、确保公共安全是社会治理创新的重要任务。颁布实施新修订的食品安全法、安全生产法等法律法规，进一步强化在公共安全体系建设中的政府领导责任、相关部门的监管责任和企业的主体责任，努力构建一张立体化公共安全网。针对安全生产领域重特大事故仍然高发频发的现实，进一步加强管理、强化责任，要求各级政府和各类企事业单位完善和落实安全生产责任和管理制度。针对高速铁路、城市轨道、油气管网等重点领域和煤矿、矿山、化工、烟花爆竹等重点企业，开展安全隐患专项排查整治。加强对各级领导干部公共安全知识和处置突发事件能力的培训。在网络安全方面，近年来中央设立了中央网络安全和信息化领导小组，确立中央网信办为国家网络空间安全和信息化的统筹协调及办事机构，2015 年 7 月 1 日，《国家安全法》出台，首次以法律形式提出“维护国家网络空间主权”；同年 7 月 6 日《网络安全法(草案)》向社会公开征求意见；11 月份，《刑法修正案(九)》实施，微信、微博造谣最高可判 7 年。根据中国互联网络信息中心数据，中央网络安全和信息化领导小组成立以来，颁布实施 47 部互联网相关法律法规，占“十二五”期间立法总量的 62%。

六、在标准化建设中实现社会治理的精准化、信息化和规范化

随着全球化、城镇化、流动化趋势的加剧，社会的复杂性和不确定性程度不断增加，但有了互联网和大数据以后，为社会治理的精准化、精细化、规范化提供了可能。为此，党的十八届五中全会上，全面提出了“创新、协调、绿色、开放、共享”五大发展理念，并对社会治理提出了精细化、标准化的新要求。为此，国家质检总局、中央综治办、国家标准委在 2016 年 1 月 28 日发布《社会治安综合治理基础数据规范》(GB/T31000—2015)国家标准，标准采用“9+X”模式，主要包括实有人口、特殊人群、重点青少年、社会治安、矛盾纠纷排查化解、校园及周边安全等 9 个方面的重

点工作,“X”作为各地各层级根据业务进行的个性化定制和扩展延伸,该标准于2016年3月1日正式实施。这一标准的实行,有助于推动社会治安综合治理标准化、规范化、信息化、精准化。

第三节 新常态社会治理创新存在的主要问题

一、人口基数大、人均服务资源少

社会建设与社会治理,实质上就是以人为本的工作,让所有人都过上更好、更体面的生活,保持社会有序和谐的状态,就是社会建设和社会管理的核心。人口因素是影响我国社会建设的第一要素,在相同投入和相同产出的情况下,人口较少的城市或地区,更容易取得社会建设的成就和效果。从这个意义上讲,人口这一关乎中国一切问题的重大因素,无论是城乡经济社会建设,还是社会管理方面,都是最值得关注的最大现实问题。按照第六次人口普查的最新统计,我国是一个拥有13.4亿人的人口大国,非常巨大的人口基数必将产生人口数量持续增长、流动人口增长、老龄化比例持续增长、农村的主要劳动力向大城市和特大城市继续集聚增长等效应。人口规模的不断增长和流动,一方面给教育医疗、住房交通、社会就业、社会保障、社会服务、社会管理、社会治安等带来压力,另一方面也势必造成公共服务资源的人均占有量降低,人口资源环境的矛盾日益加剧,在有限的各类公共服务资源面前,“竞争、争夺、凭关系”自然成为广大民众获取公共服务资源的常态化选择,这种做法,对推动社会公平公正而言,是非常不利的。

二、整个社会结构滞后于经济结构,其导致的很多结构性矛盾难以实现立刻扭转

社会结构的合理程度,是衡量一个社会是否健康稳定、成熟的重要指标。社会治理过程,实质上也是对社会结构的不断调整、不断优化,谋求社会结构与经济结构相协调、相适应的动态过程。根据中国社会科学院发布的《当代中国社会结构》报告指出,当前中国的经济结构已进入工业化中期阶段,甚至有些指标表明已经进入了工业化后期阶段,但是社会结构指标还没有随着经济结构的转变而实现整体

性转型,多数社会结构指标仍然处在工业化初期阶段。报告根据测算认为中国社会结构滞后经济结构大约 15 年,这是产生当前诸多社会矛盾问题的重要原因。一般而言,社会结构主要由就业结构、消费结构、社会阶层结构、收入分配结构、家庭结构、城乡结构等多个指标构成。具体而言,当前我国的就业结构属于以工农业为主、第三产业较弱的不平衡格局,如 2015 年三次产业就业人员比重为 28.3∶29.3∶42.4,服务业就业比重仍然较低。社会阶层结构方面,在工业化中后期阶段中产阶层规模比例一般在 22.5%至 65%左右,而目前中国中产阶层规模为 22%左右,达到发达国家中产阶层规模大概需要 17 年。更为严重的是,因缺乏保障公民机会公平的制度环境,在社会流动方面还存在较为严重的"阶层固化"现象,严重损伤着社会公平和社会活力。从收入分配结构来看,根据官方数据,2015 年我国基尼系数为 0.462,虽然出现了连续下降的趋势,但仍然高于 0.4 的世界警戒水平,社会贫困和较大的收入差距共存,让更多的人存在一种"被剥夺感",日渐成为引发各种社会矛盾和冲突的主要原因。从家庭结构来讲,小型化、少子化成为显著特征,特别是家庭的传统功能开始弱化,有效家庭教育的缺失,也带来了一些以未成年人为主的社会问题。从城乡结构来看,尽管中央和各大城市进行了卓有成效的户籍制度改革,但实际上仍然制约着公共服务均等化的新型城镇化发展,2015 年年末我国仍有 2.47 亿(占总人口的 18%)的流动人员,无法享受与市民同等水平的公共服务,产生了随迁子女教育、住房保障、权益维护等方面的新二元结构问题,也造成了我国的"假性城市化"问题,即实际城市化率(按户籍算)仅有 35%左右。上述这些因素是我们的最大国情,也是新常态时期依然存在的结构性问题,需要依靠全面深化改革加以解决。

三、政府投入能力有限,投入结构不尽合理,从根本上制约着社会治理创新的进程

从财政收支的角度来说,社会治理是一项十分重要的政府投入工程,政府投入的力度的大小,尤其是政府对民生领域的投入规模、投入结构等,在一定程度上决定着社会治理的速度和进程。尽管自党的十六大以来,中央和地方政府对社会建设投入了很大的财力,据统计数据显示,2012 年,全国公共财政支出 125712 亿元,其中用于与人民群众生活直接相关的教育、医疗、卫生、社会保障和就业、保障性住

房、文化方面的民生支出,累计达到 84060 亿元,占总支出的 2/3 左右。尽管如此,在我国长期注重经济建设投入的惯性作用下,无论以怎样的口径对比,我们对于民生领域的投入还是严重不足,民生投入强度在世界上都处于较低水平。尽管我国对社会保障的投入不断增加(我国财政社会保障经费年支出从 2005 年的 3600 亿元增长到 2012 年的 12542 亿元),但如果将社保支出和 GDP 相比,2012 年我国社会保障和就业方面的支出占 GDP 的比重仅为 2.4%,世界上大多数国家的比重都在 10%以上,欧盟发达国家高达 20%~30%。如果将社保支出和财政支出相比,我国这一比例为 15%,而大多数发展中国家都在 20%以上,福利国家的比重高达 40%以上。在教育、养老、就业等领域,存在同样的问题,尽管近些年国家对以上三大民生领域加大了投入的倾斜力度,但历史上长时间投入不足所造成的结果,严重影响着当今这些关键民生服务的实质性改善,例如在较低的投入下我们的养老存在养老金缺口大、替代率偏低(40%左右)、缴费率偏高等问题,不但妨碍人们的养老水平,更不利于依靠扩大内需来拉动经济增长。尽管我国对医疗卫生投入的增速较快,如从 2008 年的 2757 亿元到 2011 年的 6429 亿元,2012 年达到 7199 亿元,医疗覆盖率达到 95%以上,即便如此,相对投入水平依然偏低,2012 年医疗卫生支出占全部财政支出的比重只有 9%,占 GDP 的比重约 1%,这与发达国家对公共医疗财政投入占 GDP 近 8%的水平相比,相差实在很远,直接造成了"看病难、看病贵"的结果。2012 年我国教育支出 21165 亿元,占 GDP 比重 4.08%,刚刚达到 4%的及格线,但民众的教育负担并没有得到实质性的改善。因此,从财政投入或支出结构来看的话,公共财政投入不足,是导致我国民生和社会建设进程缓慢的根本原因之一。当然,当前形成的这种投入结构,是与我国长期以来奉行经济型政府及其相应支出安排息息相关的,在发达国家的典型支出中,行政与经济建设支出所占比重较小,而相比之下,中国财政支出中转移支付的比重很低,教育医疗等支出投入不足,而行政与投资支出则比重过大。因此,削减行政与经济建设的支出,大幅度提高政府对教育、就业、医疗、养老、社会保障等公共服务的财政投入,是我国社会建设与社会治理创新需要解决的一个重大问题。

四、与经济市场化发展程度相配套、关键领域的社会制度改革力度有待进一步强化

社会建设的核心是人，让所有人共享经济发展成果，以便让人们过上更好的生活，营造社会公平机制，促进人的自由、全面发展。拿我国来说，改革开放的重大国策使得我们已经全面融入了经济全球化体系之中，经济市场化程度明显提高、城市化步伐显著加速，社会跨界大流动格局已经形成，特别是随着人们生活水平的不断提高，人们的权利意识、市场意识、参与意识、民主意识都会觉醒并高涨起来，争取自身合法权益成为广大民众的普遍选择。这就需要顺势而为，与经济发展程度相适应，适时改革创新制约经济社会协调发展的重大性、配套性社会管理制度或政策，谋求经济与社会相互适应、相得益彰。从我国目前的格局来看，正是由于长期以来我们高度关注经济发展，进而创造了经济发展的世界奇迹，但对社会政策的建设并没有给予相应的关注，使得一些传统的社会管理政策和制度，已经显著滞后于经济社会发展的现实需要，这些关键性领域的老做法，恰恰造成了诸多社会不和谐、不公平的矛盾和问题。改革显著滞后的关键性、重大制度或政策，主要包括四个方面：一是，户籍管理制度。我国城乡隔离的传统户籍制度，从根本上把当前2亿多的流动人员，排除在城市公共服务供给体系之外，直接造成了所谓留守儿童、留守老人、流动儿童、农民工随迁子女教育、住房等“新二元结构”问题。如果加大改革，剥离户籍上依附的诸多社会福利项目，实行全国统一的居住证制度，这些问题都会迎刃而解，但户籍制度的改革是一项非常复杂的利益大调整，很难一步到位。二是，土地制度。在快速城市化过程中，由于受我国特殊的土地制度所限，在不合理的土地征收补偿体系下，农民几乎被排斥在土地增值收益分配体系之外，农民无法公平分享土地资本化后的升值收益，在各地大干快上、奉行“土地财政”和加速城市化发展的进程中，诞生了大量的“种田无地、就业无岗、保障无份”的新“三无人员”，这是当前上访不断、矛盾加剧的主要原因之一。三是，收入分配制度。收入分配制度改革是近年来国家努力跨越“中等收入陷阱”的重大改革方略，取得了一定的成效，但在现实中，行业之间、城乡之间、群体之间的收入差距依然较大，再加上权力导致的腐败问题和权钱交易，往往成为引发社会不稳定的首要因素。因此，如何深化收入分配制度的改革，努力扩大中等收入群体的比重，让更多

的低收入群体共享经济发展的成果,仍然是新常态时期创新社会治理面临的巨大挑战。四是,社会保障制度。社会保障是社会建设的一道安全阀和底线,高质量的社会保障体系建设,是社会治理的基础性制度之一。尽管我们已经在社会保障制度建设方面取得了很大的成绩,初步建立了覆盖城乡居民的社会保障体系,覆盖面扩大了、待遇提高了,对于一个拥有 10 多亿人口的发展中大国来说,实属不易,但从加强社会建设的更高要求来看,我们的社会保障制度依然存在"基本养老金正常调整机制尚未建立""社会保障全国城乡统筹与衔接尚未实现"等重大问题,不利于构筑科学健全的社会保障体系和形成公平、高效、活力的社会发展格局。

五、社会组织发育不够、社工人才缺乏

新常态时期的社会治理,不是强调政府的全包全揽,而是强调大量社会组织的有效参与和基层民众的自治,通过建立居民自治、社区共治、政府与社会良性互动的社会治理新机制,满足民众多样化、个性化的需求。这就要求我们必须拥有足够规模的社会组织数量及其专业化的服务能力。近几年来,在国家相关政策的支持下,社会组织发展较快。但是,与经济发展水平和社会发展需要相比,我国社会组织总体发展相对滞后,数量少、规模小,地区发展不平衡,部分社会组织内部管理不健全,存在服务的专业性、规范性、公信度不足等问题,再加上政府购买公共服务的机制不甚健全,使得我国社会组织发展仍处于初级建设阶段。例如拿社会组织数量来说,统计数据表明,我国万人拥有社会组织的数量尽管有所增长,但与发达国家仍存在较大的差距(见表 3-1),与真正适应市场经济要求的小政府、大社会体系还有很大的距离。

表 3-1　中国与国外每万人社会组织拥有量比较(部分)

国家	社会组织拥有量(个/万人)
德国	133
法国	110
日本	97

续　表

国家	社会组织拥有量(个/万人)
美国	52
中国(2014)	4.4

资料来源:郭强、赵鹏:《社会发育指数:衡量社会组织发育程度的新维度》《阜阳师范学院学报(社会科学版)》2016年第6期

与此同时,就像经济建设需要一批有勇有谋的企业家群体一样,社会治理同样需要一大批有专业能力的社会企业家、社会工作者和社会领军人才队伍。社工在发达国家已有上百年历史,而在我国内地仍处于初级阶段,社工人才队伍现状与经济发展和人民群众需求还极不适应。一方面,社会工作者人才数量明显偏少,缺口很大。在美国、加拿大、日本等国家,专业社工的配置比例,能够达到总人口的千分之二至千分之五,如美国2010年的社工数量是65.05万人,相当于每1000人口就有社会工作者2至3人。据报道,目前我国各行各业约有社会工作者20万,参照国家18部委最近联合制定的社工专业队伍建设规划,"我国拥有200万专业社会工作者",我国社工尚缺口180万人。另一方面,由于受体制机制等方面的影响,现有的社工机构和社工队伍的发展并不一帆风顺,人员流失严重,"社工难"现象也很普遍。"社工缺、社工难"在一定程度上,制约着我国社会治理的进程和水平。

第四章　社会组织参与社会治理

社会组织的发展状况是衡量社会发育是否成熟的一项重要标准,也是构筑共建共享社会治理新格局的重要主体。根据发达国家发展的经验,只有大量的组织参与到公共服务和社会管理实务中,才能有效弥补公共服务及社会管理的"市场失灵"和"政府失灵",形成政府与民间"共同治理"的结构,推动传统政府向现代公共服务型政府转变。本章主要就社会组织如何有效参与社会治理这一问题,进行理论解答与案例分析。

第一节　中国社会组织发展现状

一、社会组织概念辨析

因文化和法律制度的不同,社会组织在不同国家具有不同的称谓,如美国一般称之为"非营利组织""独立组织"或"第三部门"(The Third Sector),英国称之为"志愿组织"(Voluntary Organization),还有许多国家则用"社团"称之。称谓各异,但基本内涵不存在根本性的差异。在界定我国的社会组织概念之前,我们需要对这些组织类型从概念上做一个简要的分析和解释。

(一)非政府组织

世界上对非政府组织(Non-Governmental Organization,缩写:NGO)还没有一致的、普遍认可的定义,颇有代表性的看法有三种:第一种看法是最广义的,认为几乎所有非政府、非企业的社会组织都是非政府组织;第二种看法是最狭义的,认为NGO是一种非营利的社会中介组织;第三种看法认为,NGO是依法建立的、非政府的、非营利性的、自主管理的、非党派性质的并且具有一定自愿性质的、致力于解决各种社会性问题的社会组织。现在该名词的使用一般与联合国或由联合国指派的权威非政府组织相关。根据约翰斯·霍普金斯大学的“公民社会研究中心”(Centerfor Civil Society Development)的研究指出,我们一般认为的 NGO 至少应满足以下六个条件:组织的营利不做二次分配的公益团体(募款后所得只用于公益目的事业中);组织所从事的事业,必须具备公共利益性质;组织应受政府主管机关在赋税上的优惠或减免;组织在行动上应具中立性,且不受政治影响;组织的成员大部分应是志愿性,亦即大多属于志工;组织应是合法的机构,也就是该组织必须是登记在主管机关下的合法的公益财团或社会法人。根据世界银行的分类,非政府组织主要包括运作型非政府组织和倡导型非政府组织。其中运作型非政府组织的主要目的是设计和实现与发展相关的项目,它分为“面向救助”和“面向发展”的组织。倡导型非政府组织的主要目的是捍卫和促进某一目标,与运作型计划管理形成对比,这些组织典型是尝试通过游说、宣传品和积极进取的活动唤醒人们的意识,让人们了解更多进而接受他们。在学术界,很多西方学者将 NGO 称为与政府和企业相平行的“第三部分”,或者将其组成的整体叫作“市民社会”。

(二)非营利组织

非营利组织(英语:Nonprofit Organization,NPO)一词源于美国的国家税收法,一般是指不以营利为目的的组织或团体,它的目标通常是支持或处理个人关心或者公众关注的议题或事件,因此其所涉及的领域非常广泛,如艺术、慈善、教育、政治、公共政策、宗教、学术、环保等,分别担任起弥补社会需求与政府供给间的落差。根据美国学者萨拉蒙的定义,非营利组织具有如下特点:①有组织的;②私人的;③非利润分配的;④自治的;⑤自愿的。它们包括有成员资格要求的社团、俱乐部、医疗保健组织、教育机构、自助团体。美国会计学会曾在《非营利组织会计事务委员会报告》中明确非营利组织的特征是通常区分营利非营利的基础,乃是有无营利的动机。非营利组织就其行为上的意义是:①无营利的动机;②无个人拥有组织的股权或所有权;③组织的权益不得任意出售或交换;④通常都不可能被要求“直接或间接地按比例地给予资金捐助者或赞助人以财务上的利益”。可见,正式组织化、自治性、非营利性、独立性、公益性和志愿性构成非营利组织的基本特征。对此,不同国家或地区也有不同的称谓,如我国台湾地区的非营利组织主要是指公益性社团法人和财团法人、行政法人等类型;英国有慈善机构和职业团体。一般可以认为,按照是否以营利为目的,所有社会组织可以分成营利组织和非营利组织(含政府在内)两大类。

从以上表述可以看出,非政府组织和非营利组织是两种不同分类参考对象的社会组织而已,非政府组织是针对政府组织而言的,非营利组织是针对企业营利组织而言的,在很多时候,整个国际社会对两者的概念存在混用的现象,两者都是处于政府与企业之间的组织,具有很多的共同性。如果加以总结的话,非政府组织和非营利组织都应该呈现以下七大特征:①组织性,指合法注册,有成文的章程、制度,有固定的组织形式和人员等。②民间性,又称非政府性,指不是政府及其附属机构,也不隶属于政府或受其支配。③非营利性,指不以营利为目的,不进行利润分配,而是致力于社会公益事业。④自治性,指有独立的决策与行为能力,能够进行自我管理。⑤志愿性,指成员的参加和资源的集中不是强制的,而是自愿和自愿性的。其成员是基于共同的信念、目标、兴趣和追求之上的,其资源的获取方式是基于共同的价值观之上的沟通、协商、说服、互惠与合作。⑥非政治性,指不是政党组织,不参加竞选等政治活动。⑦非宗教性,指不是宗教组织。

(三)中国的社会组织界定

中国大陆目前尚没有典型的西方意义上的非政府或非营利组织。相对西方社会的非政府组织和非营利组织而言,我国政府统称为"民间组织"或"社会组织",成为一种独特的叫法。一般民众所熟知的青联、妇联、残联、中国贸促会和对外友协等组织实际上都是有政府背景的半官方社会组织。根据我国的国情,政府将注册的非营利组织划分为三种:社会团体、基金会、民办非企业三种类型。根据我国《社团登记管理条例》规定,社会团体,是指中国公民自愿组成,为实现会员共同意愿,按照其章程开展活动的非营利性社会组织。成立社会团体,应当具备下列条件:①有 50 个以上的个人会员或者 30 个以上的单位会员;个人会员、单位会员混合组成的,会员总数不得少于 50 个;②有规范的名称和相应的组织机构;③有固定的住所;④有与其业务活动相适应的专职工作人员;⑤有合法的资产和经费来源,全国性的社会团体有 10 万元以上活动资金,地方性的社会团体和跨行政区域的社会团体有 3 万元以上活动资金;⑥有独立承担民事责任的能力。申请成立社会团体,应当经其业务主管单位审查同意,由发起人向登记管理机关申请筹备。根据

《基金会管理条例》,基金会,是指利用自然人、法人或者其他组织捐赠的财产,以从事公益事业为目的,依法按规定成立的非营利性法人。基金会分为面向公众募捐的基金会(简称公募基金会)和不得面向公众募捐的基金会(简称非公募基金会)。公募基金会按照募捐的地域范围,分为全国性公募基金会和地方性公募基金会。设立基金会,应当具备下列条件:①为特定的公益目的而设立;②全国性公募基金会的原始基金不低于800万元人民币,地方性公募基金会的原始基金不低于400万元人民币,非公募基金会的原始基金不低于200万元人民币;原始基金必须为到账货币资金;③有规范的名称、章程、组织机构以及与其开展活动相适应的专职工作人员;④有固定的住所;⑤能够独立承担民事责任。根据《民办非企业单位登记管理暂行条例》规定,民办非企业单位,是指企业事业单位、社会团体和其他社会力量以及公民个人利用非国有资产举办的,从事非营利性社会服务活动的社会组织。申请登记民办非企业单位,应当具备下列条件:①经业务主管单位审查同意;②有规范的名称、必要的组织机构;③有与其业务活动相适应的从业人员;④有与其业务活动相适应的合法财产;⑤有必要的场所。民办非企业单位的名称应当符合国务院民政部门的规定,不得冠以“中国”“全国”“中华”等字样。除了以上三种类型,在我国还有一种独特的社会组织叫事业单位,根据1998年国务院发布的《事业单位登记管理暂行条例》的定义,事业单位是指为了社会公益目的,由国家机关举办或者其他组织利用国有资产举办的,从事教育、文化、卫生等活动的社会服务组织。提供公共服务、属于非公共权力机构、属于知识密集型组织、经费来源的国产化、事业单位范围的广泛性是事业单位的主要特征。2017年,我国有126万个事业单位,共计3000多万正式职工,另有900万离退休人员,总数超过4000万人。与社会组织的改革发展一样,如何推进我国的事业单位改革,也是当今政治体制和社会治理改革的重要组成部分。

二、中国社会组织发展的基本现状

中国社会组织的产生和初步发展经历了一个相当曲折的历史过程。20世纪初期,由于受西方文明的影响,社会组织在中国才开始产生。新中国成立后,逐步建立起了社会主义政治经济制度,社会作为一个独立领域几乎不存在了,国家凭借各种制度化手段将中央政府的经济、社会、文化改造目标嵌入基层社会,把基层社会改造成国家的组成部分。

对改革开放前后社会组织的数量进行比较可以发现,中国社会组织的发展相当迅速。20 世纪 50 年代初,全国性社团只有 44 个,20 世纪 60 年代也不到 100 个,地方性社团在 6000 个左右。到了 1989 年,全国性社团增至 1600 个,地方性社团达到 20 多万个。根据民政部的统计,截至 2015 年底,全国共有社会组织 66.2 万个,比上年增长 9.2%(见表 4-1),吸纳社会各类人员就业 734.8 万人;形成固定资产 2311.1 亿元;接收各类社会捐赠 610.3 亿元。其中,全国共有社会团体 32.9 万个(工商服务业类 3.7 万个,科技研究类 1.7 万个,教育类 1.0 万个,卫生类 1.0 万个,社会服务类 4.8 万个,文化类 3.3 万个,体育类 2.3 万个,生态环境类 0.7 万个,法律类 0.3 万个,宗教类 0.5 万个,农业及农村发展类 6.2 万个,职业及从业组织类 2.1 万个,其他 5.3 万个),各类基金会 4784 个(公募基金会 1548 个,非公募基金会 3198 个;民政部登记的基金会 202 个、涉外基金会 9 个、境外基金会代表机构 29 个),民办非企业单位 32.9 万个(科技服务类 1.6 万个,生态环境类 433 个,教育类 18.3 万个,卫生类 2.4 万个,社会服务类 4.9 万个,文化类 1.7 万个,体育类 1.4 万个,商务服务类 3355 个,宗教类 114 个,国际及其他涉外组织类 7 个,其他 1.9 万个)。由于还存在大量未经注册登记的社会组织,社会组织的实际数量远远大于此数。可见,改革开放以来,中国社会组织获得了非常大的发展。社会组织的不断发展与壮大,使得社会组织的影响和作用也越来越大。

表 4-1　中国社会组织发展情况

指标	2008 年	2009 年	2010 年	2011 年	2012 年	2013 年	2014 年	2015 年
社会团体(万个)	23	23.9	24.5	25.5	27.1	28.9	31	32.9
基金会(个)	1597	1843	2200	2614	3029	3549	4117	4784
民办非企业(万个)	18.2	19	19.8	20.4	22.5	25.5	29.2	32.9

第二节　社会组织参与社会治理的必要性和重要性

社会组织作为与政府公共组织和市场企业组织鼎足而立的第三部门,具有通过“以志愿求公益”来弥补政府缺陷和市场不足的一般功能,这已经为国内外非营利组织发展史所证明。除此之外,走入全面深化改革新阶段的中国社会组织,还要承担特殊的时代使命,他们将是国家治理现代化的重要角色;是国家经济进一步发展的新增长点;是社会管理和公共服务的合作者;是通往社会和谐秩序的重要通道;是社会慈善道德文化的引领者。尤其是在中国经济社会全面进入新常态时期,以及全面贯彻创新、协调、绿色、开放、共享五大发展理念的要求下,加大社会组织参与社会治理进程,具有特殊而重要的战略意义。

一、顺应经济社会发展趋势,满足社会高层次需求的需要

“罗斯托模型”告诉我们,一个国家在经由“准备起飞阶段”和“起飞阶段”,进入“成熟阶段”以后,社会公众的权益诉求会产生很大变化。这个阶段对应的收入水平,参考世行最新标准,应该在人均 GDP 4000 美元以上。在跨入成熟阶段门槛之前,社会处于物质匮乏阶段,其间人们更多关注的是温饱的满足,物质产品的供不应求成为这个阶段的主要矛盾。当经济增长使社会告别物质匮乏阶段后,社会的自主意识开始觉醒,人们的公共参与热情与参与机制条件的短缺就成为新阶段的主要矛盾。执政管理者需要根据社会阶段和大众权利意识的变化,适时调整政府模式,以保持公共权力和社会权利的良性互动状态。经过几十年的改革开放,2014 年底,按照同期美元汇率计算,我国人均 GDP 约 7500 美元。按世界银行标准,可以说中国已经踏入中上等收入国家门槛,此时的社会主要矛盾开始由物质匮乏阶段人们对于以物质为主的产品需求与物质生产供给不足之间的矛盾,逐渐转变为公共服务的短缺以及人们对于公共事务的参与需求与参与机制和通道堵塞不畅之间的矛盾。这种大趋势必然迫使执政者调整管理理念和实现政府模式转型,在“改进社会管理”和“改进社会服务”的同时,增加“改进社会参与”的制度与政策创新权重,让民众多方式、多渠道参与政府的各项公共决策,满足民众高层次的参与型发展需求。实际上,马斯洛的需求层次理论也告诉我们,人们在解决了温饱问

题以后,就会提出自我发展、实现自身社会价值的需要。再加上当今我国正处于“单位人”向“社会人”转型进程中,社会组织作为凝结广大社会成员的组织载体,在促进社会参与、提升社会整合等方面,具有独特的价值和作用。从这个意义上说,让社会组织参与社会治理过程,是顺应我国经济社会发展大趋势,满足社会民众高层次发展需求的需要。

二、扩大公共服务供给,促进政府职能转变的需要

综观国内外政府改革的实践表明,按照公共服务生产和供应相区分的原则,加大政府职能转变,让私人部门或非营利组织积极参与公共服务的供给,形成政府与社会组织之间的合作伙伴关系,共同扩大公共服务供给规模、提升公共服务质量,是全球政府改革的基本特征和规律所在。近年来,顺应我国快速城镇化发展,在经济体制转型和社会转型的进程中,强化简政放权、改变传统的全能政府治理模式,构建公共服务型政府,始终是全面深化改革的一个中心工作,前后经过了好几轮的职能转变改革,虽然取得了十分显著的成效,但并没有到位,仍然存在巨大的改革空间。我们知道,政府职能有效转变的前提就是要有能力承接政府转移出来的公共服务职能的社会组织,否则政府职能转变将会成为空中楼阁和纸上谈兵。再加上社会组织与社会大众距离更近,服务方式更为灵活,创新自由度更高,投入产出比更好。从这个意义上说,让社会组织充分提供社会服务和进行社会治理,可以减轻政府的压力,缓解政府的矛盾,实现政府与社会的良性互动,改善政府的形象,有利于破解政府职能转变的难题。

三、帮助扩大就业,促进社会经济转型发展的需要

社会组织的特点是,它汇聚各类优秀人才,联系各种社会群体,在科技教育、文化体育、卫生保健、扶贫开发、环境保护、法律援助、社会福利、行业管理、社区建设、农村经济等诸多领域具有很强的能量储备。从宏观总量看,社会组织整体对经济增长和经济稳定具有不容忽视的影响。已有研究证明:首先是它直接创造 GDP。社会组织已经成为一个日益强大的经济部门,主要集中在第三产业,它所提供的社会最终产品的价值构成了社会总产品价值的一部分。其次是促进投资和消费。社会组织公益活动带动的社会捐赠、价格补助、服务支出、服务消费和社会就业等,在

个人、企业、政府等各类主体间产生相应的经济联动和乘数效应。安赫尔·赫尔穆特·K和茹德奈·加布里埃尔对美国和联邦德国NGO的研究揭示,美国NGO每向最终消费者提供1美元的服务将带来商业领域额外83美分的间接支出,即乘数效应为1.83,而联邦德国NGO支出的乘数效应是1.43。其三是社会组织可以创造社会资本。从理论上讲,社会资本对经济增长的作用机制表现在信任、社会规范和个人之间的社会联系,这有利于克服非对称信息对经济活动的约束,减少道德风险和搭便车行为,提高经济活动的效率。其四是促进就业。社会组织的经济活动涉及几十个领域,大多属于服务行业,从而给劳动者提供广泛的就业空间。社会组织的发展壮大正在孕育出一个成熟的社会部门,对于丰富产业形态和转变经济发展方式,加快中国新型城镇化进程,都有一定作用。

四、提升社会秩序,促进国家治理现代化的需要

党的十八届三中全会公报指出:"全面深化改革的总目标是完善和发展中国特色社会主义制度,推进国家治理体系和治理能力现代化。""治理"是十八届三中全会提出的具有里程碑意义的核心理念。社会组织的非政府性、非营利性、自治性、志愿性的特性,决定了它们在治理中具有政府所不可替代的独特角色,它们是以自愿组织、自主事务、自我管理、自我负责、自我发展的方式来提供公益服务和组织互益活动的重要治理主体。党的十八届三中全会《中共中央关于全面深化改革若干重大问题的决定》提出,社会组织在国家治理中的协商和参与地位特别值得引起重视,"国家与社会治理需要为社会全程参与重大决策创造条件,并构建程序合理、环节完整、内容全面的协商民主体制,拓展包括社会组织、基层组织在内的各类主体参与民主协商的渠道"。国家重大决策是社会治理的高端形态,协商民主是政治参与的关键环节,需要组织方式、公民意识、参与能力的支持,组织方式保证治理的有序,公民意识保证治理的方向,参与能力保证治理的质量。就此而言,社会组织是三者兼得的不二选择。社会组织的社会服务实践有利于形成独立负责、互助合作、民主协商、律己守则的公共精神。国家治理需要既有对国家社会的责任,又有个体权利合法追求,还有参与社会事务热情与能力的合格公民,而这些方面的历练,社会组织可以说是一个有效组织机制。社会组织对于现代社会秩序的意义在于:通过组织化促进理性表达,通过自发机制及时反应诉求,通过多方对话搭建协商平

台,通过参与机制达成矛盾调解,通过自治机制进行危机预警,建立与社会组织规律相容的法治自治现代社会秩序。同时,大力发挥社会组织的枢纽与连接功能,也有益于民主法治、公平正义、诚信友爱、充满活力、安定有序、人与自然和谐相处的国家社会软实力建设。

第三节　社会组织参与社会治理的经验

几年前,上海在相关部门的协同推动下,坚持市区联动,出台了一系列旨在促进社会组织发展、鼓励社会组织参与社会治理的重大政策和文件,为社会组织参与社会治理创造了较好的外部环境。到 2015 年底,全市共有社会组织 13355 家,社会组织从业人员数达到 27.3 万人,社会组织净资产合计 354.55 亿元,上海每万人(常住人口)拥有社会组织数量达 5.56 个。这些社会组织参与社会治理的作用逐步显现,在军转安置、外来人口服务管理、动拆迁遗留问题、医患矛盾化解等方面发挥了积极作用。其主要做法包括:

一、重点参与领域和方式

(一)参与政治协商与公共政策决策过程

根据社会经济多元化发展的趋势,优化人大代表、政协委员等参政议政人员的结构,尽可能吸收社会多元组织的成员参与政治决策,是近年来我国政治体制改革的一个新亮点。对此,上海不断开辟社会组织参与政治决策的渠道和机制,在本市各级党代表大会、人民代表大会中增加社会组织代表比例,在各级人民政治协商会议中增加社会组织委员数量,全市社会组织中有 700 余人担任代表或委员。根据 2016 年上海社会组织发展会议精神,未来这一参与群体比例将会稳步增加,充分保障社会组织对政治决策的参与权。

(二)参与社区建设、管理与服务

到 2015 年底,上海注册登记的社会组织 13355 家,其中社区公益性社会组织 2000 多家。这些广泛分布于基层社区的社会组织,在社区公益、社区服务、社区建设管理等领域发挥了十分重要的作用。举例简述如下:

上海静安区柏万青志愿者工作室。2006年在市文明办的提议下成立了全市第一个以个人名字命名的“柏万青志愿者工作室”，以倡导社会和谐、安定、团结为宗旨，以“我志愿、我快乐、我奉献、我健康”为准则，积极打造志愿者的精神家园，传播公益志愿文化。数年来，志愿者队伍随精神文明创建的深化而逐步壮大，服务受众覆盖面越发广泛，已形成社会化服务、项目化管理（超常规模旅游沙龙、单身交友沙龙、徐根宝足球啦啦队、静安公园志愿者、千人帮百家、千家万户的小娘舅、公益艺术团、服刑矫正人员异地帮教、导医导路、伙伴成长、老娘舅调解）、网络化运作、品牌化培育的工作机制。他们以热情的工作态度、执着的敬业精神、忘我的工作干劲，为老人、青年、鳏寡者、失意人、困难群体无私地提供帮助。

绿主妇。上海徐汇西南角一个20世纪90年代初建设的老式小区——梅陇三村。这个动迁安置小区曾是远近皆知的“垃圾三村”。2011年初，为了在社区开展垃圾回收再利用工作，梅陇三村党总支书记尚艳华，决定发动居民回收各种生活垃圾，并成立了由10名社区家庭主妇组成的名为“绿主妇，我当家”的低碳环保自治行动小组，参与社区居民日常垃圾的分拣回收工作。经过不断发展，这一当初的环保志愿组织已经成为社区综合治理的重要平台和载体：①建“绿”。在每月最后一个周四，“绿主妇”们会定时定点为居民们回收各种利乐包、塑料制品等，并在零废弃会员卡上按重量登记积分，年底可按照积分换取各种价值的卡券。这种绿色账户的新模式激励社区居民参与环保活动，梅陇三村的垃圾回收分类参与率，已经超过了90%。垃圾减量活动组、家庭阳台一平米菜园团队、环保创意设计组等相继成立。②管“闲”：梅陇三村社区居民成分复杂，有老城厢动迁居民、下岗待业职工，居民素质参差不齐。为此，“绿主妇”志愿者主动上门做工作，一年之内将百余人送上各种工作岗位。③疏“气”：部分社区居民由于工作和生活上的一些矛盾，对街道工作有抵触情绪，“绿主妇”团队尝试将这批居民吸引到社区的公益服务活动中，通过活动中面对面的近距离交流，逐步缓解这批居民的情绪。④治“事”：为了更好地参与社区事务管理工作，以“绿主妇”为平台，成立“绿主妇”议事会，社区居民遇到家庭纠纷、邻里纠纷，可以把诉求送到议事会，通过议事会的评议，协调解决。在议事会的推动下，梅陇三村小区居民养宠物文明公约顺利签订，小区道路拓宽工程在征得居民意见后顺利开展。⑤关爱老人孩子。“绿主妇”志愿者成立爱心编结社，用回收再洁净的毛线编织“爱心衣帽”，赠送给独居老人和孩子们，“爱心衣帽”送到了广西、安徽、贵州、西藏、新疆等地，两年间已向希望小学捐赠“爱心衣帽”1610多件。如今，“绿主妇”行动社区志愿者团队规模已从建立最初的10人增加到目前的2600多人，“绿主妇”也已经从徐汇区凌云街道拓展到全区其他6个街道、上海5个区及全国4个省市。2012年，“绿主妇”志愿者团队正式注册成立“上海徐汇区凌云绿主妇环境保护指导中心”，成为接受社团组织管理的公益性服务组织。

弄管协会。上海市徐汇区湖南社区针对弄堂物业管理难的问题，在全市率先探索出“弄管会”管理模式，先后成立了74个“弄管会”，基本覆盖社区所有弄堂。“弄管会”的成员由弄堂居民提名或居委会党总支推荐，经过公示，并得到弄堂内大多数居民的认可。“弄管会”每二至三年换届一次。“弄管会”的职责是管理弄堂里各项大小事务，重点解决弄堂内的保安、保洁问题。随着“弄管会”工作的不断深入，遇到了部分涉及多个弄堂的问题，也产生了权力边界如何界定的问题。于是在“弄管会”的基础上，“弄管协会”孕育而生。“弄管协会”每季度召开例会，讨论弄堂管理的共性问题并将需要行政力量介入的事项上报街道。其通过发挥街道综合协调的作用，形成“街道、居委、派出所、物业、房管办”五大支撑。居民普遍感到解决问题的效率比以前提高了，弄堂管理从“无人管”向“有序管”转变，由居民、弄管会、弄管协会、街道构成的社区共治管理模式也逐步形成。

此类经验还有很多，如面向学生就业信息服务的青翼社工，破解物业管理难题的闸北区临汾路街道的“一站两室”，为老人提供家政服务、精神慰藉的普陀区宜川社区孝心服务队等。上海公益社工师事务所专注于家庭专业社工服务，在外来人口服务管理、单亲妈妈家庭服务、浦东国际机场动拆迁遗留问题化解等方面发挥了积极作用。这些社会公益组织能够蓬勃发展，得益于上海市政府的高度重视和积极扶持。

（三）参与社会矛盾化解，维护社会和谐稳定

积极发挥社会组织在矛盾协调中的作用，也是上海的一个特色，比如，上海虹口区的“梁慧英调解工作室”将人民调解工作建立在社会组织这一载体上，参与中心城区旧区改造矛盾纠纷化解；上海闵行区九星综合市场消费者投诉调解管理站发挥“老娘舅”作用，化解专业市场内经营者与消费者之间的矛盾，服务区域经济

发展等,这些政府与社会组织互动参与化解矛盾的实践经验,得到了国家信访局的高度肯定。例如上海市松江岳阳街道“百姓义工为民服务中心”的一个助医志愿项目——杏林义工,主要任务是解决病人就医难问题,缓解医患间的紧张关系。这个项目于2013年荣获国家民政部“首届全国优秀志愿服务项目”一等奖。2011年“杏林义工”项目正式开展,首批杏林义工经过“百姓义工为民服务中心”精心筛选,并经中心医院严格培训。杏林义工们为住院的孩子讲故事、表演魔术,甚至补习功课,并设立“爱心墙”。杏林义工还积极开展公益活动,倡导有能力的家庭参与“牵牵公益”助学捐款活动;在植树节,带领部分轻症患者和医护职工参与公益植树活动;在端午、中秋等传统节日,在医院内组织文艺晚会。至2013年8月,在“杏林义工”注册的志愿者逾2000名,组建的标准服务队有夕阳红、华东政法大学青春义站、松江二中、农林缘星等10支。志愿者涵盖退休人员、公司职员、医护职工、家庭主妇、在校学生等,其中年龄最小的13岁,最大的已72岁。据统计,2013年,松江区中心医院精神文明投诉率下降35%,门诊量上升至5000人次/每天,门诊排队时间大大缩短。

(四)参与城市建设管理,共同维护城市安全

如上海2013年制定出台了《上海市建筑玻璃幕墙管理办法》,为更好地保障城市公共安全,办法规定本市玻璃幕墙工程要定期检查、保养和维护。上海既有的玻璃幕墙建筑数不胜数,据调查,仅在浦东新区就超过5400栋。现有玻璃幕墙的建筑资料并不完备,而且对数千幢甚至上万幢建筑实施普查,进而管理、维护,仅凭政府主管部门的有限人力操作难度很大。2012年,上海市建交委通过政府购买服务的方式,把全市玻璃幕墙建筑的信息库建设任务交给了上海市装饰装修行业协会,并委托其开展了全市玻璃幕墙建筑巡查。每幢建筑的检查、维修情况,都录入联网的“大数据”计算机信息库,主管部门可通过平台发出警示,实现动态管理、监控。该协会成立已15年,拥有2000多家企业和3000名个人会员,仅幕墙施工企业近百家。协会在承担参与城市管理的任务时,充分展现了其专业优势及雄厚的“企业圈”“专家库”背景,也为企业对接市场、找寻商机提供了便利。更值得关注的是,在服务企业的同时,协会专门建立了专业的管理团队和施工队伍,举办管理人员和维修工的培训班,还开展幕墙材料的诚信评价、企业的诚信管理等,有效提升了社

会组织自身的能力建设。

(五)促进社区多元文化融合

例如仁恒滨江园是个涉外高档小区,居民来自美国、加拿大、德国、英国、新加坡等60多个国家和地区,外籍居民占到居民总数的60%。让外国居民直接参与居民自治,对实现国际化社区居民的自我管理和自我服务具有深刻而积极的现实意义。"仁恒国际妈妈俱乐部"是由国际妈妈们组成的公益自治组织,主要是促进外国居民了解中国文化,融入上海,促进国际居民之间的沟通和交流,增进了跨文化居民间的感情和友谊。举办的活动主要是洋太太学中文,同时还开展慈善公益活动。"5·12"汶川地震发生后,国际妈妈们开展爱心联合捐、爱心义卖活动,为灾区孩子们编织毛衣,送去妈妈们的关爱。2009年,仁恒国际妈妈俱乐部关怀帮助四川地震灾区儿童的感人事迹被评选为"上海市社会主义精神文明十佳好人好事"。

二、上海社会组织参与社会治理的主要经验

综观上海社会组织参与社会治理的实践来看,主要存在如下几个重要经验:

(一)以核心政策创新为引领,加大培育社会组织主体力量,为社会组织参与社会治理奠定基础和条件

在我国,政府向社会组织购买服务最早于20世纪90年代出现在上海,以浦东新区"罗山会馆"的委托化管理为标志。2007年,浦东新区政府出台《关于政府购买公共服务的实施意见(试行)》,浦东由此成为上海首个发布政府购买服务文件的区县。2011年以来,静安、闵行、杨浦等区先后出台政府购买社会组织公共服务的相关意见。2012年8月,经上海市人民政府批准,市财政局印发《上海市市级政府购买公共服务项目预算管理暂行办法》和《上海市市级政府购买公共服务项目目录(2013年度)》。上海的政府向社会组织购买公共服务制度由此逐步走向完善。有数据显示,2013年,上海社会组织总收入中来自政府的资金约占15%。从上海的现实情况看,政府向社会组织购买服务的范围主要是:①社区民生服务,包括社区就业服务、社区社会保障、社区公共卫生服务、社区安全等;②行业性服务,包括行业调查、统计分析、资质认定、项目评估等;③社会公益服务,包括法律援助、再就业培训、流动人口管理等;④城市基础事务,包括环卫作业、绿化养护、水务服

务、排水服务等。政府向社会组织购买服务的方式主要包括定向委托、公益创投和公开招标等；资金主要来源于专项资金、财政预算资金和福彩公益金等。以杨浦区为例，2012年7月1日起实施的《杨浦区政府购买社会组织公共服务实施办法（试行）》规定，政府购买社会组织公共服务的领域主要包括社会服务领域和社会事务领域，前者包括社会保障、救灾救助、扶老助残、医疗卫生、妇幼保健、促进就业、社区服务等公益性服务工作，后者包括评估、调查、培训、鉴定、调解、维稳等事务性工作。购买方式主要采取定向委托、有限竞争或公开招标方式。操作程序包括13个环节，即项目设立、预算申请、立项审查、汇编目录、公布信息、项目申报、资质认定、竞标评审、中标公告、签订合同、项目管理、评估验收和资金拨付。

（二）以满足民众服务需求为导向，鼓励社会组织全面走向社区，为社会组织参与社会治理提供广阔舞台

实际上，上海推动社会组织参与社区治理的探索在全国起步很早。20世纪末，为应对社会组织发展的新形势，上海在全国率先成立了社会团体管理局。市社团局成立不久，就明确提出了"社团进社区"的工作新思路，指导区县培育与社区居民生活紧密相关的公益性、服务性社团，深入街镇、村居开展社区服务。经过两年左右探索，到2002年，市委办公厅正式颁发《关于进一步推进本市民间组织参与社区建设和管理的意见》，明确提出要加快"社团进社区"步伐，积极培育发展社区中的民间组织，引导其更好地发挥在社区建设和管理中的作用。近年来，为了鼓励社会组织参与社区建设和社区治理，政府先后出台了《关于完善社区服务促进社区建设的实施意见》《关于鼓励本市公益性社会组织参与社区民生服务的指导意见》和《关于进一步加强社会组织建设的指导意见》等政策措施，鼓励和扶持社会组织不断拓展民生服务的领域和项目。2014年为贯彻落实市委《关于进一步创新社会治理加强基层建设的意见》（一号课题），上海市民政局、社团局联合有关部门出台了关于社会组织的"121"系列政策文件，即《关于加快培育发展本市社区社会组织的若干意见（试行）》《关于加强本市社会组织服务中心建设的指导意见（试行）》《上海社区基金会建设指引（试行）》和《建立上海市承接政府购买服务社会组织推荐目录（试行）》，进一步"激发社会活力、形成社区治理体系"，引导社会组织参与社会治理。

(三)以参与平台建设为抓手,整合优化组织资源,为社会组织参与社会治理提供渠道和载体

主要表现在两个方面,一是在全市层面设立了公益创投机制,为社会组织参与社会治理提供了公平竞争的平台。公益创投是“上海社区公益创投活动”的简称。为了更加公开透明规范地使用福利彩票公益金,并发挥福利彩票公益金更大的社会效益,同时鼓励扶持本市公益性社会组织积极参与社区公益事业和民生服务,满足社区居民多样化的服务需求,进一步提高社区公共管理和服务水平,上海市民政局于 2009 年 5 月正式启动了“上海社区公益创投大赛”(以下简称大赛)项目,从福利彩票公益金中安排一千万元资金,委托上海浦东非营利组织发展中心(NPI)承办,以政社合作的方式探索扶植和培育社会组织的新路径,在不改变其资助范围的前提下,借鉴企业界风险投资方法为初创期的社会组织和公益创业者提供资金支持和能力建设服务。公益创投和公益招投标,实质就是通过自下而上、市场化运作模式,用彩票公益金向社会组织购买社区公益服务项目,它颠覆了自上而下、由市到区县带行政性质的传统运作模式,是一种机制上的创新。二是积极培育社会组织服务中心。如松江区在全区 15 个街镇全部成立社会组织服务中心的基础上,进一步推进街镇社会组织服务中心实体化运作,通过承接政府购买服务项目和创设社会组织服务项目等方式,为辖区内社会组织提供管理和服务,努力成为本地区社会组织的枢纽式管理平台、孵化培育平台及合作交流平台。

第四节　社会组织参与社会治理面临的问题

经过几年的实践,社会组织参与社会治理越来越受到政府部门的重视,社会组织的积极作用正得以有效发挥。但总体上讲,社会组织的发展仍处于初级阶段,与社会建设的要求还不适应,发展方向还需要明确,自身建设和发展环境还不完善,要充分发挥其积极作用,面临一些急需要解决的困难和问题。主要表现在以下两个方面:

一、政府政策因素造成的参与瓶颈

(一)政府官员对社会组织参与社会治理的认识有待进一步深化

目前,政府的一些官员还存在官本位思想,政府强势,而社会组织弱势,长此以往,政府与社会组织之间,就不是平等的合作伙伴关系,而变成了“伙计”关系。政府及相关部门对社会组织的地位和作用认识还不足,甚至认为社会组织的功能仅限于群众自娱自乐。事实上,让社会组织更好地承担公益服务、社会事务、行业管理等方面的职能,可以匡正政府不足,填补公共服务薄弱环节,满足社会多元化服务需求,提高公共服务的质量和效率。因此,如果说政府收税并提供公共服务是理所应当的,那对于同样从事公共服务的社会组织,政府也有责任向他们拨款。

(二)投入力度不够,政府购买社会组织服务的机制缺乏顶层设计和常态化运行,尚未形成公平的参与环境和制度

一方面政府部门购买社会组织服务的意识和社会组织主动争取购买服务的意识都比较薄弱,另一方面政府购买社会组织服务缺乏相关法规、政府购买社会组织服务缺乏具体的制度性安排这方面相对缺失或滞后。

(三)政府对社会组织监管能力不足

现在我们对社会组织的监管,主要集中在登记与审批这道关口。社会组织的登记与审批一旦获批,政府的监管力度就显得不够,尤其缺乏多样化、常态化、制度化的监管手段,例如对社会组织的评估检查、社会监督等仍做得不够。这也就是政府不愿让社会组织充分参与社会治理的一个原因。

二、社会组织自身发展带来的参与瓶颈

根据目前情况,各种社区社会组织的规模一般较小,大部分组织的成员数量局限在十几人、几十人以内,致使其活动范围以及可服务对象、数量受到很大限制。大部分社区社会组织还是由社区居委会牵头、街道扶持,社会组织自我发展和自我建设能力弱,服务能力不强。目前,社区社会组织人才尤其是具有创新性的人才严重不足,受年龄、精力、专业等影响,加上可以取得的经济资源较少,造成了社会组

织参与公共服务的能力不强，难以持续和有效开展活动，并且在筹集资金、开展有针对性的项目策划、有效的项目运作、服务质量等方面存在着很大差距。客观上社区社会组织的缺人缺钱缺政策，影响了社会组织的服务能力与治理能力的发挥。

第五节　我国台湾地区社会组织参与社会治理的经验

一、主要经验

(一)积极扶持并有效监管社会组织：社会组织参与社会治理的基础和前提

要实现社会组织全面深度参与社会治理，首先得拥有一大批多元化、多类型、有能力的社会组织，呈现“小政府、大社会”的基本态势，否则，社会组织参与社会治理将是一句空话。对此，台湾当局按照“低度规范、高度自治”的理念，注重对人民团体(台湾地区用“人民团体”来指称那些具有较为明显的非政府、非营利和志愿性等特征的机构和组织)的法制支持、资金投入和政策扶持。同时也采取有效方式，加以监管，让社会组织有序发展。

一是规定先行，为社会组织参与社会治理提供法制保障。“业必归会”是台湾地区相关规定对于职业团体的一个基本原则。“人民团体法”还规定“职业团体不得拒绝具有会员资格者入会”，在这一原则的直接要求下，创建团体会员数量不足、未建立行业组织的邻近地区的同业者也加入了进来。并且，相关规定赋予了此类团体对于新入行者开业的核准权，职业团体权威性得到大大提升。“业必归会”是法有明文，“人必归业”是客观规律，两者叠加的效应直接显示了人民团体在台湾地区民众中的参与程度。台湾地区相关规定十分注重建立和强化人民团体相互之间的紧密关系，如“人民团体法”明确要求“上级职业团体须其下一级团体通半数完成组织后，始得发起组织”，“下级职业团体应加入其上一级职业团体为会员”，“社会团体有分级组织者，下级团体应加入其上级团体为会员”，等等。同时，台湾地区还出台了规范调整人民团体有关活动、行为的相关规定体系，如“人民团体选举罢免办法”“督导各级人民团体实施办法”等，使得人民团体开展工作、行使权力时有章可循、有法可依。

二是,给予大力度的资金扶持。如对于那些承担社会公共事务、基层民众迫切需要的哪怕是小微的人民团体,台湾当局也能够给予资金方面的扶持和资助。高雄市前镇区明义社区发展协会 2012 年度的收入按照数额由高到低分别是行政部门补助、社会捐赠、会费收入、利息。其中,该团体来自地区行政部门的补助收入逾其总收入的 90%,而来自民众交纳的会费收入尚不足 2%,该社区共有人口 2870 人,行政部门补助分摊到每个人已逾 1200 元新台币。此外,明义社区发展协会还直接由行政部门派驻全职社工 1 名,以指导和扶持协会规范、有效地开展日常工作。

三是依法加以监管、服务和督导。一方面,我国台湾地区对人民团体施行归口立案(相当于大陆所称的“注册登记”)、分级组织体制。台湾地区执掌人民团体业务的职能机构,在其顶层是民政主管部门,在县市一级则是社会局(处)。按照“人民团体法”的直接规定,政治团体由民政主管部门主管。台湾人民团体的行政管理体制已由“许可制”改为“登记制”,发起成立人民团体向其民政主管部门或社会局(处)申请立案,一经主管机关同意立案,即为合法团体。同时,“人民团体法”明确要求“其(指人民团体)目的事业应受各该事业主管机关之指导、监督”,因此各事业主管机关对相应的目的事业有指导、监督之责,但团体立案无须经过该事业主管机关的前置审批。此外,按照台湾地区所谓“民法”的相关规定,人民团体若想获得法人资格,须向法院提出登记申请。经法院注册后,该团体名称须另行冠以“社团法人”或“财团法人”字样,以彰显其法人资格。另一方面,主管机构设置和人员配置情况是有效承担管理扶持职责的重要载体。市县社会局下设立五个科一个室:第一科:社团、庆典、合作社,第二科:社会救助,第三科:老人福利,第四科:身心障碍福利,第五科:社区发展、妇幼福利,社会工作室有三项职能:社会工作、少年福利、志愿服务。台北市人口总数近 270 万,市政府社会局人民团体科工作人员有 25 名,是社会局最为重要的部门,被称为“第一科”。他们的工作包括开展行政辅导和绩效评鉴等,按照相关规定要求需要派员列席团体发起人会议、第一次筹备会议、成立大会以及改选会议等活动,以及时、动态地了解人民团体的日常活动情况。

台湾社会工作的行政管理工作深入务实,突出服务、把关。他们将社会工作人员的训练、督导、考核,作为保证社会工作服务质量和社会工作正常运转的关键,把督导和训练作为社会工作人员实现可持续发展的重要支持系统,把考核列为保证系统。在社会工作的行政管理中，首先重视督导和训练系统的建立，包括对督导人员的资格、训练机构的资质、训练的内容、时间都有明确的规定，并且有管理机构进行检查、审查。其次才是考核的实施。

（二）行政部门购买服务：社会组织参与社会治理的直接通道和制度保障

行政部门购买公共服务，已经成为西方发达国家和地区乃至全球政府改革的主导方向，也是社会组织参与社会治理的有效通道和机制。从 1983 年台湾地区行政部门社会处正式签约委托台北家庭扶助中心办理儿童寄养服务起，台湾社会福利正式进入购买服务契约的时代，也就是行政部门向民间购买社会服务给本来应由行政部门自己提供服务的福利受益者。1984 年台北市政府积极跟进，制定“社会福利设施委托民间专业机构办理实施要点”，成为台湾地区较早有完整办理委托契约的蓝本。20 世纪 90 年代制定的“采购法”和“采购法施行细则”，对行政部门公平、公正的采购行为做出了严格的规定，这为行政部门购买社会组织服务提供了坚实的法律基础。目前，行政部门购买服务契约在台湾地区非常普及。

以台湾行政部门购买社会工作机构的精神救助服务为例，1999 年我国台湾地区“9·21”大地震，摧毁了数以万计的家园，造成民众生命财产的重大损失以及社会民众生理和心理的巨大创伤。台湾地方行政部门快速通过直接资助、委托承办、项目支持等方式为社会福利机构提供支持，向它们购买专业高效的精神救助服务，主要包括：面向失依老人、儿童青少年、身心障碍者、单亲家庭、低收入户等特殊困难群体的生活需求所提供的预防性、支持性以及发展性服务；面向居民、学校师生以及救灾人员提供的个案以及小组的咨询辅导以及协助医疗服务；面向灾区全体人员开展的有关心理重建的相关教育与训练；面向灾区居民有关社会救助标准、就业、法律以及公共建设方面的咨询转介服务等，通过生活重建服务中心可以有效地帮助灾民度过茫然失措以及悲观失望的灾后消沉期，给予他们更多的心理以及社会支持。

（三）创新基层社区自治治理格局：社区发展协会、农会或农户合作社等成为参与社会治理的重要基层平台

我国台湾自 1950 年开始实行地方自治，县、市长，村、里长等地方公职人员由选举产生。全面构筑基层社会的自治组织，创新运作模式，依靠基层社区自治组织

提供全方位的居民服务,是台湾社会组织参与社会治理的重要通道之一。其中,社区发展协会是当前台湾社会基层民众参与社会治理的最普遍平台。目前台湾地区已成立社区发展协会6357个。

社区发展协会为纯公益类社会组织,发起人及工作人员均为本社区居民,也多是各领域的志工,理事长3年一改选,协会的专业委员会根据社区居民生活实际需要设立(有环保、美化的专业委员会等)。协会活动经费基本来自会员费与赞助,其中,企业赞助主要通过项目合作的方式获得,如台北市中正区华山社区发展协会,其2010年会员费约5万元,每年大致固定,所获赞助20万元,由其与某企业合作绿化项目所得,但并不固定。社区发展协会致力于推行社区公共设施、生产福利、精神伦理、志愿活动四大建设。

一是设置社区活动中心。目前台湾地区已设有社区活动中心4202所,提供社区发展协会召开会议,办理地方性青少年、妇女及老人活动,并作为社区居民平日休憩聚会的场所。另协助社区发展协会充实社区活动中心设施设备,以加强社区活动中心的各种功能,使社区活动中心能对社区民众提供有效且多功能用途的服务。

二是办理精神伦理建设活动。为凝聚社区居民意识,提升社区居民精神生活,由社区发展协会推动,办理各种生活讲座、社区刊物、儿童和青少年娱乐休闲活动、妇女及老人健康活动、社区运动会、妈妈教室、民俗文化技艺活动、社区性福利服务等,以达成敦亲睦邻、促进社区居民互动的目标。

三是办理社区守望相助。通过社区居民共同的关注及付出参与,发挥"守望相助、疾病相扶"的传统生活的理想,强调"社区共同体"的概念,以促进社区居民拥有更好、更安全的生活环境。

四是推动社区志愿服务。社区发展协会鼓励社区内退休人员、家庭主妇、青年学生等未开发人力参与社区服务,利用余暇对其加以组织,激发潜能,按照个人兴趣与专长协助社区自助、自治,开展青少年、儿童团队组训,邻里活动推展,贫、病、孤、苦关怀访问,社区环境整理,邻里守望相助等活动,以提供服务。

社区发展协会组织、参与者主要成员是本社区的志工,性质是无偿公益服务。行政部门只是提供相应的公共服务,社区的重大决定都是由居民自己拿主意。如,在台湾"9·21"大地震中,日月潭附近的桃米小区遭到严重破坏,社区居民面临生存危机，在这种情况下，该区的社区发展协会跟专家学者合作进行社区的再造，即社区营造。出现危机—资源调查—学者参与—居民参与，在这一过程中，基本所有的决策都由该社区发展协会理事会进行商定，而行政部门履行相应的公共职能，比如赈灾。各级行政部门或有关部门则每年通过第三方评价的办法，为表现突出的里、社区发展协会颁授表彰证书，形成行政管理和基层自治互动。

农会或者农业合作社也是重要的乡村自治组织。台湾云林西螺汉光果菜生产合作社(下称汉光)为社员提供生产过程服务、产品销售服务、品牌营销服务和农业培训服务。为推动有机农业，汉光运用先进的技术手段，加强对农户产品监管，监管到户，责任到人。同时，汉光在维护农户利益以及表达农户诉求上作用重大，也成为农户和行政部门沟通的纽带。

(四)依法推动各类志愿活动长效化：带动全民参与社会治理进程

长期以来，在行政部门“立法”和民间自发的努力下，台湾的志愿服务已经成为一种根植于中华善文化的市民自觉行为，可以说志愿服务随处可见。除了广大市民积极踊跃地参与外，很重要的一点，就是志愿服务呈现有组织、有规矩、有制度的特点。2001 年台湾颁布了“志愿服务法”，对志愿者的权利义务以及促进志愿服务措施的法律责任、经费等做出明确规定。目前台湾共有志愿者 70 多万人，女性为 45 万人，男性为 25 万人，在册的 33 万人，占 46%。总服务数为 1.45 亿人次，总时数为 5200 万小时。台湾志愿服务协会设置的“金驼奖”，是全台湾最高志愿者荣誉。每年获奖者不超过 15 人，历届台湾地区领导人都会接见。

(五)大力发展并创新公益性社会企业运作模式：促进服务对象积极参与社会，实现企业与服务对象的双赢

台湾从 1999 年起，开始了创办社会企业的历史。服务对象各异的社会企业经历了从盲目到规范的发展过程，逐渐衍生成内容各异的社会企业。从服务原住民保障土地的生态农场、服务弱势女性的餐厅，到服务精神障碍患者的有机农场等，涉及各种服务对象、各类业态。更为重要的是，台湾的社会企业在运作过程中，以“服务对象能做什么?”为核心，注重运作模式的创新，实现了服务对象参与社会的目的，并依托企业收益，进一步改善服务对象发展环境。以精神障碍患者为例，照看植物是他们非常擅长、做得很出色的工作。“参与有机农场工作，患者获得一个

与社会交流的机会，并能产生收益，用自己的双手改善医疗与生活环境。”这一社会企业的运作，对精神障碍患者“只能被关一辈子”的情况有改善，以符合服务对象特点的方式，实现了该社会企业的成功。

二、主要成效

（一）转移了行政部门职能，促成了公共服务型行政机构

正是由于发达的社会组织积极承担了行政部门转移出来的很多职能，行政干预力量自民主化以后不断退却，回归到公共服务的本质。具体体现在提供公共服务设施、教育、医疗等公共服务上。如台北市，自20世纪90年代以来，市政府改变了注重建设大而远的公园的做法，开始将更多的公共服务向社区延伸，通过区公所提供的公共服务设施非常发达并更加人性化。目前台湾几乎每个社区都有行政部门提供的公共设施，社区小公园、社区图书馆、社区游泳池以及公共活动空间，由区公所分管负责。这些公共设施都是行政部门拨款，但都是社区导向，市民可以在家附近的小公园聊天，小孩子可以到附近的图书馆借书，日常维护除了正式工作人员外，还有大量的志愿者。

（二）培育了一批在社会上有影响力的公益类专业性社会组织

正是在行政部门的大力支持以及社区组织广泛而有序的社会治理参与进程中，台湾地区发育和形成了一大批丰富多元、类型多样的社会组织体系，承担着社会治理的主体地位和作用。以台北市立案团体为例，台北市立案人民团体总数达4072个，从事业务范围的具体类别方面，数量居首的是社会服务及慈善团体，数量达531个，占团体总数的13%，基金会172个，占比为4.22%，宗亲会、同乡会、同学校友会和宗教团体的数量也都位居前列。在成熟的社会组织发展生态体系中，形成了许多资金雄厚、富有实力的公益财团法人，如：财团法人台湾佛教慈济慈善事业基金会成立于20世纪80年代，几十年来发展迅猛，现已拥有会员和志工团队人数数百万人，成为台湾首屈一指的大型基金会；其组织机构已发展到47个国家和地区（包括2008年2月在大陆注册的慈济慈善事业基金会），迄今援助超过71个国家和地区，爱心洒遍全球、声誉遍及世界。作为完全立足台湾本土成长起来的慈善机构，慈济基金会的发展及运作堪称典范。

（三）形成多方合作的社区多元公共服务体系，满足了基层民众需求

社会组织参与社会治理，实质上就是公共服务提供方式的变革，增加了公共服务提供的多元渠道，扩大了公共服务的数量，提高了服务效率，有效满足了民众多元化的需求。台湾在强调行政部门与社会合作、非营利组织纷纷参与的福利多元主义思想下，大量的民间团体组织与行业协会、基金会、大中型企业纷纷积极投入到社区服务领域中，发挥各自在劳动力、资金、模式、品牌、组织等方面的优势，在台湾各地基层社区塑造了一个个别具特色的社区服务模式与成功范例，基本上形成了行政部门监督、权力下放、民间组织充分参与、社区居民助人自助的社区服务的成熟体系。

从社区服务内容上看，台湾社区服务已经形成覆盖老、幼、妇、贫等弱势群体并基本满足社区普通居民基础生活及社会支持需求的多元体系，形成涵盖衣、食、住、行、休闲娱乐、就业、教育、医疗等最基础性、民生性的服务领域。按照服务性质与方式，已形成三大类服务：支持性服务：如家政服务、送餐服务、午间托老服务、护理照顾、托育服务、守望相助安全服务、问候与精神关怀服务等；咨询服务：如就业、保健、法律信息服务、亲子教育服务、青少年社区夏令营、社区大学、老人长青学苑等；工具性服务：如提供辅助设施或设备、改善环境障碍、交通服务等。

（四）强化了社会组织的自主性和影响力

自主性和影响力是社会组织充分参与社会治理，谋求可持续发展的核心因素。根据台湾的实践表明，正是在其社会组织参与社会治理的成熟机制下，社会组织走上了一条“自主发展、社会影响力不断扩大”的良性发展道路。这在一份台湾学者针对全部 367 家社会团体的实证研究中得到验证。如在自主性方面，绝大多数社会组织在成立发展之初，并不依赖行政部门和企业的支持而自主设立（见表 4-2）。而在影响力上，社会团体对行政部门政策发展的影响力不是很大，但对一般民众发挥了较为直接而具体的影响力（见表 4-3）。

表 4-2　台湾社会团体的成立与行政部门和企业支持的关系

	社会团体是由行政部门支持成立	社会团体是由企业支持成立
是	104(29.0%)	32(8.9%)
否	255(71.0%)	328(91.1%)
合计	359(100%)	360(100%)
遗漏值	8	7

资料来源:官有垣、杜承嵘:《台湾民间社会团体的组织特质、自主性、引导与影响力之研究》,《行政暨政策学院(台湾)》2009 年第 49 期。

表 4-3　社会团体成立后,对一般大众的具体影响

对一般大众的具体影响	团体数/%
提供服务给有需要的个人和团体	224
宣传、教育大众	183
促使更多人投入服务与社会参与的行列	151(41.8%)
关怀社会上的弱势团体	144
提倡新观念与新价值	109
促进同性质团体的资源整合	98
提升社会大众的公民权意识	37
其他	24
没有影响	23

资料来源:官有垣、杜承嵘:《台湾民间社会团体的组织特质、自主性、引导与影响力之研究》,《行政暨政策学院(台湾)》2009 年第 49 期。

(五)形成了一支社会工作者人才队伍

台湾有人口 2300 万,现有社会工作人员 7000 人左右(2006 年统计),其中社工师有 2400 人左右(统计到 2007 年),台湾从 1997 年开始社工师考试认证工作,每年通过率10%。社会工作人员主要分布在以下几类机构中:①社会福利机构,如儿童福利、青少年福利、妇女福利、老人福利、身心障碍人员福利、社区发展、社区救助、社区工作等,有社会工作人员1199人。②企业、医院、学校、公共文化机构、体育、环保等,有社会工作人员2171人。③服务于行政公共部门1081人。公共部门聘用社会工作人员是有计划编制额度的,台北市总额205人,正式编制132人,约聘社工94人。④服务于私人部门2289人。

第六节　促进社会组织有效参与社会治理的建议

在充分巩固社会组织发展及参与社会治理的现有基础上,政府、社会协同努力,进一步发挥社会组织在社会治理中的积极作用。为此,提出如下路径与相关建议:

一、社会组织参与社会治理的基本思路

笔者以为,要想真正促进社会组织充分参与社会治理,从社会组织、政府的视角来看,分别要注重"三个导向"和"四个体系"建设。

(一)突出"三个导向"

从社会组织发展与参与社会治理的需要看,要突出三个基本导向。

一是需求导向。社会组织的创建与发展,抑或参与社会治理,首先要明确我为谁、有哪些社会服务需求空白、哪些服务对象需要我等基本问题。实际上,政府无法提供、不适合提供、不能有效提供的服务,理应成为社会组织参与社会治理的核心领域。从这一点来看,面向老年人、儿童、青少年、妇女、移民、残疾人、贫困者等弱势群体,以及面向比较贫穷的社区,理应成为社会组织大展身手、发挥作用的重要阵地。

二是能力导向。在明确了"谁需要我"的问题以后,就要转而关注"我到底有没有能力"的问题,这包括组织策划能力、服务能力、管理能力、运作能力、筹资能力、参与能力、专业技术能力等。只有通过自身强有力的能力体系建设,最大程度地满足服务对象的需求,才会赢得服务对象的信任,获得社会认可和支持,进而走

向可持续发展的道路。

三是项目导向。在有需求、有能力、有资源的情况下,社会组织参与社会治理或提供社会服务,就要看其对具体服务项目的运作能力了。这就要求社会组织学会按照项目化的方式进行开展和运作,制定一套完整的项目运作制度,包括项目组织策划、项目申报或设立、项目资金预算、项目效益评估等,力求做到项目标准化、规范化、制度化。只有这样,才会达到“做一件成功一件”的效果,同时也会创立出自己的服务品牌,确立自己在社会治理中的地位和作用。

(二)强化“四个体系”

从政府角度来看,为了帮助社会组织有效参与社会治理,就得强化社会支撑体系。既然“治理”作为一种政社合作的互动行为方式,除了社会组织单方面具有强烈的“参与欲望”外,政府必须为社会组织参与社会治理创造机会、提供条件、搭建平台,创建良好的参与生态环境,以便引导社会组织有序、有效地参与。这要求政府做好以下四个体系建设。

一是法律体系。社会组织凭啥参与?参与什么?如何参与?需要具有明确的法律依据。当前,正是我们现有的一些法律法规存在滞后甚至缺乏专门的法律规定,使得社会组织参与社会治理,一定程度上存在随意性、无序性、不可持续性的问题。解决办法就是加快调整现有的一些法律法规,让社会组织获得公认、合法的身份和地位。甚至可以制定诸如社会组织法、社会组织参与法、慈善法、政府购买公共服务法等新的法律,为社会组织有序参与社会治理提供坚实的法律保障。

二是制度体系。重点应该建立三大制度:一是政府购买服务的机制。推动政府购买服务的制度化、体系化、规范化,为政府转移职能和社会组织参与社会服务提供稳定的资金支持。二是社会捐赠制度。通过社会捐赠税收体系的建设,开辟社会资源流向社会组织的通道,实现社会资源社会化配置的新格局。三是监管制度。关键在于对不同类型、不同性质的社会组织制定相应的监管制度,让各类社会组织规范运作,更重要的是,要及时发现一些社会组织违规操作、损害国家利益和公众利益的行为,并坚决地逐出服务领域。

三是激励体系。激励体系是任何一个组织持续发展、规范运作的重要条件。为了引导社会组织更高效地参与社会服务和社会治理,政府需要建立健全社会组织的评估激励体系,当下最要紧的是要从组织本身和社会组织从业人员两个方面建立相关激励措施:一方面,要制定合理的税收优惠措施以及更加灵活的财税制度、奖励制度,让社会组织方便开支基本的运作成本,积累一定的运转资本,激发活力,激活其参与社会治理的积极性和主动性。另一方面,要尽快解决社工人员的地位问题、待遇问题、职称问题、发展问题,适当扩大社会组织领军人才在政治、经济、社会决策中的参与范围和程度,以便一些社会政策更好地反映和呼应社会组织和社会人才的发展诉求。当然,与此同时,也要建立适当的惩罚机制和退出机制,把那些不但无法参与社会治理反而对社会有害的社会组织,从当地社会组织队伍中清除出去。

四是平台体系。本质上看,社会组织参与社会治理是一个供给和需求的关系,帮助建立某些平台,全面打通供需双方的信息通道、交流渠道,是提高社会组织参与社会治理有效性的重要保证。为此,从政府角度看,重点要打造好两个平台:一是供需信息发布平台。如果社会组织作为服务的生产者的话,政府作为服务的提供者,有义务将自己管辖区内民众的服务需求与社会组织的产品供给进行对接,通过建立供需信息发布或见面洽谈平台,让社会组织和有服务需求的基层政府之间直接接触,通过竞标或竞争性的方式,确立政社合作关系。二是基层社区共治平台。社区是社会组织参与社会治理的主阵地和舞台,因此能否在社区层面搭建由政府、社会组织、驻地企业、社区居民等协同参与的共治平台,对帮助社会组织进入社区、了解社区、发现社区需求、满足社区居民服务需求等,具有极其重要的作用。

二、具体建议

(一)继续深化政府职能转变,落实政社分开,激发社会组织活力

政府有关部门要全面梳理各自承担的社会管理和公共服务职能,逐步将决策咨询、标准制定、行业规范、资格认证等职能,以及社区事务性、公益性、社会性工作转移或委托给相关社会组织,促进社会组织参与社会管理和公共服务,建构政府与社会组织合作共治的社会协同局面。为了切实推动政府职能转变,有一个关键环节需要引起重视:政府在剥离一部分公共事务的过程中,要将支持这些公共事务所需要的公共权力和相应的资源也同时转移给社会组织,要避免政府只转移职能和

责任,不转移公共权力和资源,使得社会组织无力承担这些职能和相应责任,降低服务质量,导致更多的社会矛盾和问题的出现。培育支持社会组织的发展,是在推进政社分开过程中政府所应承担的重要职责之一。

(二)扶持社会组织有序健康发展,为社会治理创新提供组织基础和重要保障

培育和扶持社会组织的健康发展,为社会组织承接公共服务创造良好的平台和环境,是推动社会组织参与社会治理的基础。社会组织培育应根据服务的迫切性进行重点需求把握并做好分类扶持。包括分类考核、分类培训、分类评估相结合。分类考核意味着注册类、备案类应该建立不同的考核体系;分类培训:对文化类、互助类、事务类的培训内容应该有区分。具体策略如下:

一是加大宣传引导,提高社会组织参与社会治理和服务的认识。在社会管理领域,社会管理多元化是发达国家的共同做法和成功经验,也是现代社会管理的主流趋势。“党委领导、政府负责、社会协同、公众参与、法治保障”的社会管理体制把社会组织推向社会管理的前台,并非政府责任的转移,而是政府供给公共服务具体方式和机制的转变,是政府为了向公民提供更多、更优质的公共服务而将其具体生产过程让渡给社会组织。要让共治的理念逐渐深入人心,从而为社会组织的健康发展和充分发挥作用营造良好的氛围,奠定坚实的基础。具体而言,包括:一是通过专家授课、学习培训、参观交流等,提高政府部门对社会组织的认知度,切实增强主管部门指导社会组织建设和发展的针对性和有效性;二是充分利用各类媒体,深入社区、企业、学校等现场宣传,提高社会公众知晓率,扩大社会组织在社会各界的影响力;三是开展社会组织各类主题公益活动,搭建“三社联动”平台,推动公益性社会组织和社区的协同合作、共赢发展,有效发挥社会组织在社区管理、公益慈善、志愿服务中的作用。

二是加强社会组织法制建设。加强法制建设,是落实党的十八大提出的加快形成“党委领导、政府负责、社会协同、公众参与、法治保障”的社会管理体制的具体举措,是依法行政、规范管理的需要,也是保障社会组织合法权益、促进社会组织健康发展、引导社会组织有序参与社会治理的必然要求。下一步,要进一步加强理论政策研究,尽早启动社会组织领域立法议题,适时推动促进社会组织发展的立法工作,如《社会组织促进发展法》《社会组织社会参与社会治理法》等,依法引导社

会组织有序参与社会治理进程。

三是加大投入,解决社会组织发展面临的税制问题。要加大对社会组织的资金投入,鼓励社会力量参与资金援助,形成强大的社会捐赠热潮,拓宽社会组织资金来源渠道,适度推行税收减免,夯实其自身参与公共治理的能力和物质基础。当前应重点培育和优先发展以下几类社会组织,一是以推动技术创新和产业升级、加强行业规范和促进行业自律为目的,在维护市场秩序,提升产业整体水平等方面有积极作用的经济类社会组织,如行业协会(商会)等;二是以倡导践行公益理念,关爱帮扶困难群体为目的,推动社会文明进步为目的的公益慈善类社会组织,包括扶贫济困、扶老助残等互助类社会组织;三是以协调利益、化解矛盾、促进和谐等为主要任务的自治型、融合型社会组织,如进行社会矛盾调解、司法矫正、青少年和流动人口管理等社会管理类社会组织;四是以资源整合、群众需求、品牌引领为导向,加大引进和培育"学院派""明星级""草根型"的社会组织。

四是健全社会组织人才政策工作及其在参政议政中的积极作用。制定人才引进、资格认定、职称评定、福利保障等政策,促进社会组织人才队伍的专业化和职业化。积极落实市级层面在党代会、人代会中扩大社会组织的代表比例,在政协中增加社会组织委员的数量。继续推进将社会组织及其专职工作人员纳入各级党委、政府和人民团体的评先表彰范围,提升社会组织的政治地位和社会地位,在参政议政中发挥作用。

(三)继续完善规范、有序的政府购买服务机制,让社会组织充分、深度参与公共服务供给和公共事务的管理

一是加大立法,依法明确政府购买公共服务的范围和边界。可以借鉴美国政府固有职能的概念,明确必须由政府公务人员行使的职能,从而为公共服务外包划定边界。我国对涉及公权力行使的职能,已经有相关法律法规对其转移做出规定。比如:《行政处罚法》中关于行政处罚委托行使的规定,《行政许可法》中关于行政许可委托的规定等。因此,对涉及公权力行使职能的外包,在我国属于行政委托讨论的范畴,应排除出政府购买服务的范围;对不涉及公权力行使的公共服务职能,除法律、法规或者规章明文禁止外包的以外,允许行政机关采取购买服务的方式从民间机构获取。为此,建议中央政府以已经出台的诸多相关规章和指导意见为基

础,充分吸取地方政府成功实践的有益经验,制定全国性的《政府购买公共服务法》,明确界定政府购买公共服务的领域、边界和范围,为有效开展政府购买服务提供法律依据。同时,制定《转变政府职能事项目录》《政府购买社会组织服务目录》《政府购买社会组织服务价格目录》等配套性法律体系,为全国各地开展政府购买服务提供具体可参考的操作规范。

二是建立跨部门协同机制,建构统一的政府购买服务平台。尽管中央政府尤其是地方政府都在购买社会组织公共服务,但到目前为止没有一个政府部门能够完整无误地报出每年每一季度每一月购买服务的整体数据,究其原因在于缺乏统一的政府购买社会组织公共服务平台。理论上讲,政府购买公共服务是政府采购的一部分,但实践中公共服务的购买不同于货物、工程的采购。从制度设计与运行规范的角度,建议在省级政府、地级市政府、县级政府、街镇层面设立有协调性的统一的政府购买公共服务平台,即政府购买公共服务办公室,各个部门购买的数据都要进入这一平台,但购买可由不同的政府部门实际操作。政府购买公共服务办公室与政府采购管理办公室是一个平行的机构,两者隶属于政府采购管理委员会。通过成立政府购买公共服务办公室,确保购买服务的制度化和法制化建设,满足公众对公共服务的需要。

三是健全公开透明规范的公共服务购买流程,发展多元化购买机制。政府购买公共服务需要建立健全财政程序,规范购买流程,包括招投标、寻价、委托等不同方式的操作流程。政府应当制定购买公共服务的预算,为推进公共服务购买提供有效的财力保障;政府购买预算要通过公开方式向社会公布,提高采购资金预算透明度。在采购预算公布之后,公共服务购买流程应该包括如下五个步骤:第一步,采购预算公布之后,由服务提供部门(政府公共部门)具体编制当年预算上报财政部门;第二步,政府财政部门审查和批准服务提供部门上报的预算,并下发到该服务提供部门;第三步,服务提供部门委托采购中心或统一的采购平台(政府购买公共服务办公室);第四步,采购中心(办公室)将按照政府采购法中适用的方法进行采购,采购应通过公开招标的方式进行,如果达不到公开招标的条件,可以采用邀请招标、竞争性谈判或单一来源的方式采购;第五步,财政部门和服务提供部门分别对服务的生产者实行监督。服务提供部门监督生产的质量和数量,财政部门监督财政资金使用的效率的有效性。

四是完善政府购买社会组织服务的定价机制，提升公共服务的可持续发展。为了确保政府购买社会组织公共服务的可持续性，保持社会组织承接政府职能和提供公共服务的积极性，就有必要对现有的购买服务的定价机制进行调整。一般而言，政府购买社会组织公共服务项目价格由以下几个部分组成：一是业务活动成本。二是管理费用。三是税费。税费指申报项目运营产生的营业税，一般占业务活动费和管理费总和的5.65%。四是积余或利润。目前的政府购买社会组织服务项目费用中，没有积余或利润。尽管社会组织是非营利组织，但通过承接项目应该有积余或利润，否则社会组织规模很难做大。完善定价机制需要做以下几个方面的工作：①引入社会组织和社会公众参与机制，开展需求评估。在需求评估过程中，引入社会组织参与机制，建立服务采购方和供给方的对话协商机制，完善政府购买服务的定价体系。②细化政府购买社会组织服务的价格目录。应该在制度设计上给予社会组织发展的空间，细化政府购买社会组织服务的价格目录，对社会组织承接服务中全部成本进行核算；对服务中志愿者补贴、专家劳务费等方面内容进行最高标准的原则性规定；在保障服务质量的前提下，允许社会组织在一定范围内留存组织发展资金。③按照社会组织类型进行公共服务分类购买。与政府购买公共服务密切相关的两类组织，即社区社会组织和专业社会组织，两者在机构管理、人员构成、服务专业性、社区资源等方面存在很多不同。大多数社区社会组织有很强的社区资源动员能力，但是项目人员的专业性相对不足、项目管理能力较弱。而专业社会组织的社区基础较差，但服务专业性强，因此，政府购买社会组织服务时，有必要进行分类招标和管理，对服务需求、服务标的、服务经费进行区分，让不同特点的社会组织投标、承接不同类型的项目，发挥不同类型机构的优势，提升项目服务绩效。

五是建立和健全第三方评估制度，确保应有的服务质量。就政府购买公共服务评估的实践来看，有政府主管部门评估、高校专家评估、专业公司评估、社会代表评估、民众参与评估、社会组织专业评估机构评估等类型。目前，大多数的政府购买服务项目，仍然以政府主管部门评估、高校专家评估为主，社会组织专业评估机构评估数量在增加。评估是政府购买服务绩效管理的关键环节，要提高评估的公正性、独立性和客观性，弥补传统的政府主管部门评估的缺陷。第三方评估作为一种必要而有效的外部制衡机制，可以发挥专业优势，对构建科学的政府购买服务制度具有非常重要的意义。第三方评估的优势、公信力来自评估主体独立、专业、权威的基本特征。2015 年 5 月,民政部专门发文《关于探索建立社会组织第三方评估机制的指导意见》,强调建立第三方评估的体制机制和政策保障,使第三方评估成为政府监管、社会监督的重要平台。所以,有必要建立和健全第三方评估制度,包括培育与认证、服务内容、标准与规范、权利义务、违约责任、合同兑现等。在条件成熟的情况下,可以由国务院制定《政府购买公共服务第三方评估管理办法》,对有关第三方评估的制度内容加以规定。

(四)大力培育各类社区组织,搭建民众参与社会治理的基层组织载体和通道平台

社区社会组织是社区居民为了满足自身需求和社区事务管理服务需要,以社区为活动范围,自愿成立的群众性组织,具有民间性、独立性和组织性特征,是社区各类社会利益群体的代表和合法组织形式,是政府和群众之间的桥梁与纽带,是基层社会建设和社会治理创新一支不可或缺的力量。要创新社区社会组织的管理模式,改变目前存在的多头管理、各自为政的局面,理顺各类社团和政府职能部门的关系。

一是探索建立区社会组织发展与管理工作联席会议。明确成员单位职责,加强对社会组织建设和管理工作中重大问题、重大事项的对策研究,督促相关政策落实,加大统筹协调力度。

二是构建区、镇两级“枢纽型”社会组织服务工作体系。形成 1+X+X 社会组织枢纽型管理模式,即:建立 1 家区级社会组织服务中心,若干家街镇(社区、开发区)社会组织服务中心,若干家行业类枢纽型社会组织,形成条块结合、上下贯通、左右纵横的枢纽型社会组织工作体系和服务管理机制,同时,要对区、镇社会组织服务中心结合每年度社会组织登记数给予经费补贴。

(五)加强对各类社会组织的分类监督和管理,提高政府的监管能力和水平

一是建立等级评估机制和优胜劣汰的退出机制。继续完善对各类社会组织的评估考核指标体系,着重明确各类社会组织承接政府授权或委托项目应具备的等级要求并择优扶持。社会组织主管部门或其授权组织,围绕机构资质、社会服务质量、服务效果等方面情况,定期组织开展对各类社会组织的评估考核,评估考核结

果将作为扶持培育社会组织及政府购买服务的主要参考条件。

二是指导各类社会组织完善法人治理结构。促进社会组织增强社会责任感和服务意识,建立规范运作、诚信执业、公平竞争、信息公开、奖励惩戒、自律保障等机制。及时发布机构评估等信息;依据行为准则,处理违规的社会组织;推行社会组织年报公告制度,向社会公示组织有关财务运作、接收和使用社会捐款(物)、服务效能、机构综合评估等方面的情况,树立社会组织的公信力;加强社会组织专业化建设,重视培养、使用专业社会组织工作人员,建立社会组织工作督导制度。

三是建立社会组织奖惩机制。社会组织主管部门、社会组织的业务、主管单位和登记管理机关,要依法加强经常性的管理和监督工作,对发挥作用突出、社会公信度高的社会组织给予表彰奖励,严肃查处违规违法行为。

(六)建立健全社会志愿服务的长效机制,促进志愿组织发展,带动全民参与社会治理创新

综观全球,志愿服务行动已被视为发动全社会公民积极参与和促进社会福祉,建立对社会的责任感、归属感的有效途径,得到政府的大力推崇和发展。对此,一要,创新志愿服务理念,积极营造支持和参与志愿服务的浓厚社会氛围。二要,加快志愿服务的立法工作,依法加强志愿服务的制度化建设,建立健全针对志愿服务组织的机制建设如招募机制、登记机制、培训机制、考核机制、管理机制、激励机制等,全面推动我国志愿服务走向制度化、规范化和长效化。

第五章　中国社会志愿服务发展

具备成熟的社会志愿组织和服务体系，提倡和践行社会成员之间的互帮互助，是一个社会发育成熟的主要标志，也是人类精神文明建设的重要内容和生动体现。如今，在我国全面推动治理体系和治理能力现代化、创新社会治理体系的新形势下，着力推进社会志愿服务体系建设，是弘扬中华传统文化精神、提升国家发展软实力的重要途径，更是构建全民共建共享社会治理格局的重要抓手。近年来，特别是2008年汶川地震以来，我国志愿服务组织得到了快速而有效的发展，取得了可喜的成绩，但与美国、英国、日本、新加坡以及我国香港、台湾等发达地区的做法和水平相比，我们依然存在很多不足和差距。一套成熟、有效的志愿服务体系，是国家法律、制度、政策、社会心理、文化、精神等多因素综合作用的结果。因此，系统总结发达国家志愿服务的主要经验与做法，着力推动我国志愿服务体系建设，对新常态时期实现全民共建共享社会治理具有十分重要的作用和意义。

第一节　志愿服务的概念

一、志愿服务的界定

美国著名社会学家爱德华·希尔斯这样来评价志愿组织：志愿组织的活动为其成员提供了扮演和实践现代公民的机会，并为社会提供了新的、有价值的要素。这些贡献包括：它强化了成员的责任意识和合作意识，养成了他们的平等意识和对人的尊重，使他们对权利和平等产生更深刻的认识。而这些都是现代社会中社会的成员所应具备的美德。由此可见，志愿服务在现代社会中发挥着十分重要的作用，对于公民群体而言，不仅唤醒了社会不同群体的自身意识，也帮助他们在社会中发出自己的声音，表达自己的诉求；对于整个国家而言，志愿服务作为社会公益不可或缺的力量，在现实社会中补充了大量政府管理和市场调控能力之外的社会服务,不仅为国家减轻了负担,使国家将更多的资源投入急需发展的领域,也让国家更好地认识到社会发展过程中公民的重要作用。在西方,较为普遍的观点是,志愿者是职业之外的“不受私人利益或强制法律所驱使,基于某种道义、信念、良知、同情心和责任感,贡献个人的时间、才能及精神,而从事社会公益事业的人或人群”,其目的在于改进社会,提供服务。不同的社会组织对志愿服务的定义也不尽相同,欧洲青年指导委员会就认为志愿服务意味着给予和接受。参与者(包括个人和组织)所加入的志愿服务项目或是以一种崭新的视角来从事传统工作,或是为了应对某一需求,从而最终建立一个更为公正合理的社会。所以,志愿服务是社会发展的催化剂,每个人都应当有权参与其中。美国社会工作者协会则认为,追求公共利益、本着自我意愿与选择而结合的一群人成为志愿服务团体,而这种团体工作则称为志愿服务。在国内,2006 年 12 月 5 日由团中央正式颁布的《中国注册志愿者管理办法》第四章第九条明确规定:“志愿服务是指志愿者组织、志愿者服务社会公众生产生活和促进社会发展进步的行为”,“志愿服务范围主要包括:扶贫开发、社区建设、环境保护、大型赛会、应急救助、海外服务等”。志愿服务没有经济利益的驱动,也没有物质报酬,所能收获的最大快乐就是帮助他人,实现自我的价值,通过无偿奉献自己的时间和精力,帮助社会中的困难群体,在志愿组织中逐渐产生认同感和归属感,从而使整个社会产生向善的推动力量,这就是志愿服务最大的价值所在。

二、志愿服务的必要性

学者萨拉蒙基于西方的历史经验和现实,提出了五条需要志愿组织的理由。第一,历史的原因。在历史上,许多西方国家中民间志愿结成的组织形成于政府之前,人们通常是在志愿组织中与别人一起处理各种问题,甚至在政府产生以后,美国人遇到问题也不大愿意求助它,担心会重新形成专制或官僚化。第二,市场缺陷。市场可以有效供给个人消费物品,如鞋、汽车、衣服、食品等,但无法很好处理那些共同消费的物品,如干净的空气、国防、社区安全等。志愿组织是一种克服市场缺陷的机制,使特定群体将他们的资源集中以解决他们共同需求的公共物品。第三,政府缺陷。政府的行动需要社会大多数人的支持,而形成志愿组织,能够使少数人群体可以表明他们所有的但又无法使其他人支持的需求。第四,自由和多元化价值。志愿组织扮演的角色推进了一项重要的社会价值:自由和多元化的价值。政府的服务倾向在所有的方面都一样,而个人和志愿社团的服务具有多样的实验和持续的多样化的经历。事实上,美国社会的大多数改革,如市民权利、环境保护、儿童福利、妇女权利等均是由非营利领域组织推动的。即使到了政府比志愿组织更有效率地回应市民的需求时,美国民众仍坚持要求志愿领域作为他们的自由和一定程度多元化的保证。第五,社会团结的机制。志愿组织是一种获得社会团结的机制。托克维尔在一个半世纪前就指出,民主国家中的市民是独立的、无力的,单靠自己几乎不能做任何事,如果他们不学会志愿性地相互帮助,他们将没有力量。

从萨拉蒙的分析中不难看出,志愿服务必不可少,但他的分析更多地集中于宏观层面,就具体理由而言,志愿组织在资源整合机制方面发挥着重要的作用。志愿性资源作为一种非结构性资源,往往是潜在的而非现实的资源,其分散在社会成员之中,游离于公域和商域之外,若没有有效的渠道和组织,其很难发挥作用,而志愿组织恰恰提供了这样一种有效的整合分散社会资源的机制,重组了资源配置的方式,将非权力的资源配置运用到日常生活之中。其二,志愿组织搭建了社会与国家之间沟通的桥梁,成为一种连接需要者和帮助者的中介组织,将社会群体的需求表达出来,同样将帮助者提供的帮助送到需要帮助的群体面前,将整个社会更有效地团结起来,使每个人都置于最合理的位置之上。不仅如此,志愿组织还能通过合法的渠道参政议政、监督政府,推动人们讨论公共议题,形成公共意见,帮助政府和相关组织解决问题。此外,志愿服务也在一定程度上培育了公民精神。现代社会,志愿精神的指向首先就是培育人们对社会公共事务的积极参与意识。美国学者迈克尔·沃尔泽指出:"对公共事务的关注和对公共事业的投入是公民美德的关键标志。"同时,这种积极参与还体现为一种公益精神,即"牺牲一切纯粹的个人和私人目的持续地认同和追求共同的善"。志愿精神往往还伴随着宽容精神,只有自己真正参与到不同群体中去,才能真正学会尊重这个社会的多元价值,才能产生对平等的渴求和向往,在这样的社会之中,人人强大而受到尊敬。再者,当所有的公民都可以参加治理国家的工作时,他们就会发现自己是不能像原来认为的那样可以离开他人而独立生活的,每一个人都需要他人的帮助,而自己要想得到这种帮助就得经常去帮助别人。这样公民们便抛弃了只顾个人利益的狭义思想,走出了自己已经营造好的小圈子。这在无形之中就创造了大量的社会资本,对形成健康的公民社会有着重要的意义。

第二节　西方志愿服务的发展

西方志愿精神的孕育可以追溯到古罗马时期或更早的宗教慈善性活动,是人们出于博爱思想而帮助他人的行为,闪烁着人性的光辉。正如古罗马时期政治家、思想家西塞罗所说:“好心为迷路者带路的人,就像用自己的火把点燃别人的火把,他的火把不会因为点亮了朋友的火把而变得昏暗。”一般认为,志愿服务起源于19世纪初西方国家宗教性的慈善服务。由于受基督教博爱思想以及人道主义价值观的影响,慈善服务催生了欧洲大陆和美国的志愿服务。基督教义中所体现的慈善意识和人道精神在民间广泛传播,为西方志愿精神奠定了文化基础。为了解决英国社会中的饥饿、疾病等问题,英国政府于1601年就先后颁布了《慈善法》和《济贫法》,建立各级“济贫院”。这样,就出现了志愿服务组织的雏形,也使一批具有慈善之心的各阶层人士成为早期的志愿服务人员。现在,志愿服务组织活跃于全球各地,在教育、慈善以及其他社会变革方面为各国创造对话环境,以唤醒人们对国内和国际范围内各种各样社会问题的觉察,维护弱势人群的自由、尊严和价值,反对种族歧视、非正义战争以及人类生存环境的污染,其所发挥的重要作用,得到了全世界的广泛认可和支持。

第三节　发达国家或地区的志愿服务经验

从我国志愿服务现实问题与境内外志愿服务发展成功做法相结合的视角看,西方发达国家或发达地区,在志愿服务方面主要积累了以下几方面的经验:

一、营造将志愿服务作为生活方式的文化氛围

笔者以为,中国作为具有几千年发展历史的古老文明国家,并不缺乏人们之间互帮互助的文化基因,只是伴随着改革开放以来人们一切向钱看,在人人都在追求经济利益的时候,在某种程度上对社会整体信任度造成了巨大损伤,再加上相关法

治建设不健全,使得当今社会出现“好人难做”“不愿意做好人”的现象,可以说,做志愿者,或者为具有困难的人提供必要的帮助,没有成为当今中国国民的重要生活方式之一,这也与我国优秀的传统文化精神和经济发展实力是不相适应的。而恰恰在这一点上,西方发达国家或发达地区表现出大多数居民在完成本职工作之余,坚持长期、义务地参与各类志愿服务活动,为社会、为困难群体提供必要的社会帮助或服务,已经成为其国民的一种重要的生活方式、日常生活的重要组成部分,从而使得志愿服务成为其国民的根植性文化性格,这才是西方发达国家或地区志愿服务高度发达的深层原因,也是重要结果和表现。这一点从发达国家或发达地区民众的志愿服务时间上可见一斑,例如根据一份研究报告指出,全球34个发达国家的志愿者人数占经济活动人口比重达到1.68%,而我国2013年的这一比重仅为0.01%。还例如根据美国国家和社区服务会社的统计,2012年大约6500万美国人当过志愿者,占美国成人人口的26.5%,共投入了79亿小时的志愿时间;新加坡人参与志愿服务的时间,在2012年创下历史新高,有32.3%的国民参与志愿服务,当年全国志愿服务总时数达9100万个小时,相当于人均72小时;我国2013年的志愿服务时间只有3579万小时,远远低于美国和新加坡的水平,社会参与水平明显偏低。

二、建立健全完备的志愿服务法律体系

要想做到志愿服务活动的常态化、长期化,必须具备配套的法律法规体系,对志愿服务管理体制机制、志愿者组织管理、志愿者激励政策等做出明确的法律规定。但目前,我国对志愿服务的立法工作只在地方政府层面展开,并没有全国统一的顶层性志愿服务的法律,据统计,在中国志愿服务领域,截至2014年年底,除港澳台地区以外的31个省级行政区域中,已制定志愿服务地方立法的有20个,占64%。实际上,全国顶层性法律制度的缺失,也是造成当今我国志愿服务发展存在诸多制约的根本问题之一。与此形成对比的是,西方发达国家或发达地区,在推进志愿服务的过程中,大都奉行法律先行的原则,构建了一套比较系统、完善的志愿服务法律法规体系,如美国的《志愿者保护法》、加拿大的《志愿工作法》、澳大利亚的《志愿服务原则》、西班牙的《志愿服务法》、波兰的《公共利益和志愿者法》等。通过立法的形式保障志愿服务的依法运行,这成为世界各国的通行做法,也是重要

经验。再比如说我国台湾地区，早在2001年(联合国“国际志愿者年”)，台湾地区就制定了志愿服务的相关规定——“台湾志愿服务法”，依法明确了“志愿服务”“社工(志愿服务者)”“志愿服务运用单位”的定义及权责；依法明确了“主管机关”“志愿服务计划目的事业主管机关”的权责等，该规定成为社会民众依法开展志愿服务的根本依据和重要保障。为了更好地贯彻落实这一规定，“民政主管部门”又相继颁布了“志愿服务证及服务记录册管理办法”“志工伦理守则”“志工服务绩效认证及志愿服务绩效证明书发给作业规定”“志工申请志愿服务荣誉卡作业规定”“志愿服务奖励办法”“内政业务志愿服务奖励办法”等相关配套法规和政策。“子法”与“母法”配套形成了一个完整的体系，涵盖了包括志工招募、面试、签约、训练、服务、督导、考核、奖励等各个环节，并在从书表格式到运作程序上也都有明确规定。

三、组建专门统一的志愿者管理机构

社会志愿服务工作是一项具有协同性的全国事业，理应设置全国统一的专职机构加以组织管理，制订统一的志愿服务计划，整合志愿服务资源，建构志愿者参与的有效渠道和机制，实现常态化、有序化的志愿参与活动。但目前我国除了志愿者参与志愿服务活动的渠道不畅外，还存在志愿服务的多头管理问题，如在文化系统、民政系统、教育系统、妇联系统等多个部门都在开展各自为政的志愿服务工作，相关部门之间关系界定不清晰，职责权限难以明确，造成了志愿服务资源的重复浪费以及志愿服务活动的盲目性、随意性和无序性。而针对这一点，西方的志愿服务体制具有一定的先进性，人们依法组建统一的志愿者服务组织管理机构，明确管理职能，保证了志愿服务活动的统一化开展。例如美国，1993年克林顿政府对联邦志愿服务体系进行了总体改革，依据国会通过的《国家与社区服务机构法》，组建了新的联邦机构“国家与社区服务机构”(Corporation for National and Community Service，简称为CNCS)，该机构由一个高级别理事会领导，理事和首席执行官均需由总统任命，经参议院批准。这个独立机构合并了原有的“行动”(ACTION)和“国家与社区服务委员会”的全部职能，统管了所有国内的联邦志愿服务计划。而在“9·11”之后的2002年，白宫又设立了志愿服务协调机构——“美利坚自由服务团”，并发起了国内“公民服务队”计划和国际“缔造繁荣志愿者”计划，在有效动员社会民众积极参与志愿服务活动方面发挥了十分重要的功能和作用。

四、推行适度可行的志愿者激励

尽管无偿提供服务是志愿服务活动的真谛和宗旨,但这并不等于说志愿服务不需要付出成本,因此,对组织志愿服务的公益创业人才和志愿者本身,提供相应的待遇和补偿,也是持续开展志愿服务活动的必要条件。但这一方面,我国还存在较多的问题和困难,如依据2010年《中国公益人才发展现状及需求调研报告》显示,88.5%的人员月薪酬集中在5000元以下,25.7%以上公益人才的工资在2000元左右,67%的人反映工作强度非常大,每天工作10到12个小时,37.7%的人没有任何社会保险。同时,当前对志愿者本人的激励力度不大、规定不明确、五花八门,直接造成了民众缺乏参与志愿服务的积极性、主动性和持久性。正是投入少、人才缺乏、志愿者激励措施不配套,以及对志愿者缺乏专业正规的培训等综合原因,造成了我国志愿者群体的专业化能力、伦理精神欠缺等瓶颈性困难。对此,西方发达国家或地区,除了强调志愿服务的无偿性、公益性特征外,积极推行配套、有效、可操作的志愿者激励措施,依法维护志愿者的合法权益,成为政府实现志愿服务活动规模化、持续化发展的重要战略选择。例如美国规定,考虑到不少老年人的生活并不富裕,参与"养祖父母计划"和"老年伴侣计划"的志愿者,如经济收入符合法定标准,可领取每小时2.65美元的津贴;参加"服务美国志愿队"计划的志愿者除享受生活费补贴和医疗保险外,还可在服务期满后获得教育奖励。我国台湾地区,一方面,在要求志工遵守服务伦理的前提下,全力保障志工的合法权益。如志愿服务运用单位必须为志工办理人身意外事故保险,对其志工发给志愿服务证及服务记录册,提供培训,补助交通、午餐及特殊保险等经费。另一方面,依法规定了很多精神奖励办法,如"志愿服务表现优良者,应给予奖励,并得列入升学、就业之部分成绩。""志工服务年资满三年,服务时数达三百小时以上者,得具证明文件向地方主管机关申请核发志愿服务荣誉卡。""服务时数三千小时以上,颁授志愿服务绩优铜牌奖及得奖证书;服务时数五千小时以上,颁授志愿服务绩优银牌奖及得奖证书;服务时数八千小时以上,颁授志愿服务绩优金牌奖及得奖证书。""志工进入收费之公立风景区、未编定座次之康乐场所及文教设施,凭志愿服务荣誉卡得以免费"。还例如,每年新加坡国庆日,都会向长期服务的基层领袖颁发不同级别的公共服务勋章；还可享有社区内免费停车的优待；子女在小学入学时，可享有优先报名权。这些都是吸引和鼓励居民参与社区服务的重要措施。

五、对青少年和学生群体实施社会服务教育

前文已经提到，志愿服务的蓬勃发展，最终依赖的是一个国家或民族要具有提倡互帮互助、慈爱友善的文化根基，而这种文化根基的培育，是需要靠教育的力量和社会实践的真切行动，一代一代往下传承和发扬光大的，否则，古老国民再好的文化传统，面对当今物欲横流的时代，也只能无济于事。当今的我国正属于这种情况，博大精深的优秀文化传统充分表明我们不乏志愿服务的文化基因和民族性格，但恰恰缺乏的就是对年轻一代进行传统文化精髓的教育和传授，更重要的是，在当今以分数为唯一评价标准的学生招考录取制度下，中小学生们本应该接受的各类社会实践活动，难以得到实质性的保障。可以说，只懂互帮互助的理论和思想，而缺乏志愿性实践活动的践行，最终只能是徒劳地治标不治本。对此，发达国家或地区的经验非常值得我们学习借鉴，典型代表有美国推行的“服务性学习与社区服务制度”，通过立法规定，参与志愿服务活动是一个学生获得毕业资格证书的基本条件，如 1993 年马里兰州就开始实施，1997 年的高中毕业生是首届必须达到规定学时才能拿到毕业证书的学生。2010 年及以前的中学毕业生必须积累 60 个学时的服务性学习，从 2011 年开始增加到 75 个学时。孩子们小学 5 年级毕业，当年暑假就可以开始参加服务性学习，积累学时。从外州转学来的学生，如果原来所在的地方没有参加服务性学习的硬性规定，则根据转学的年级不同，有不同的学时要求，例如 6 年级转学生要求 75 个服务性学习学时，12 年级转学生要求 10 个学时。我国台湾地区台北市的学生每学期至少要做 8 小时义工，如课业辅导、病房陪伴、募集善款、导游解说、回收垃圾等。许多大学还明文规定大学生必须做够 50 小时志工方可毕业。正是这种强制性的社区服务教育，把志愿服务的思想、理念和行动扎根于孩子们心中，伴随他们的成长，志愿服务自然就成为社会大众的一种习惯性行为。

第四节　对我国志愿服务制度化的启示

2014年2月,国家出台了《关于推进志愿服务制度化的意见》,对如何推动志愿服务制度化提出了原则性意见。这标志着,尽管我国的志愿服务事业还存在种种问题和困难,但已经进入顶层化发展的新阶段,这对构建全民共建共享的社会治理新格局,无疑具有重大而深远的影响。鉴于上述西方发达国家或地区的相关经验,对我国志愿服务的制度化、持续化发展提出如下路径:

(一)加快志愿服务的法制化建设,为志愿服务制度化、规范化、长效化发展提供有力的法制保障

当前,全国统一法律缺失,地方法律规定缺乏操作性,是我国志愿服务立法工作面临的最大问题。为此建议国家适时启动《志愿服务条例》的修订工作,适应新形势、新问题,制定新版的《志愿服务条例》或《志愿服务管理办法》,依法明确志愿者、志愿者组织、政府的权力和责任等,依法构建政府和社会紧密合作的志愿者管理新模式。令人欣慰的是,2016年5月国务院法制办公室发布了《志愿服务条例(征求意见稿)》公开征求意见的通知,广泛听取社会各界的意见和建议。这一国家层面的志愿服务法规,将进一步规范志愿服务活动,保障志愿者组织和志愿者的合法权益。

(二)创新志愿服务组织管理体制,提高志愿服务规模、能力、水平和效率

在尽快建立健全志愿服务法律法规体系的基础上,依法组建从中央到地方的统一化、专门化的志愿服务机构,依法明确机构的职能、任务和责任,整合分散在不同部门当中的志愿资源,推动全国志愿服务的组织化、有序化、规范化发展,提高志愿服务的工作效率。

(三)建立健全有效的志愿服务评估机制和激励机制,提升志愿服务的质量和水平

在新出台的志愿服务法律法规体系中,依法明确和建立全国和地方性志愿服务评估机制,组建由专家学者、政府官员、志愿组织领导、志愿明星等组成志愿服务

评审团，具体可以由全国志愿者协会承办和组织实施。在现有各种激励措施的基础上(如有些社区尝试了西方国家的“时间银行”等)，构筑一套全国统一的志愿服务激励制度和配套政策措施，从物质和精神上给予志愿者实实在在的回报和鼓励(如规定志愿服务达到一定时数的志愿者可以免费看电影、停车、获取旅游景点门票、免费度假等)，引导广大民众积极投身于志愿服务当中。

(四)结合学校，大力培养青少年志愿服务者，培养社会发展的中坚力量

加强未成年人的志愿服务教育，让社会志愿服务在未成年人或广大学生心中生根发芽，是真正将志愿服务常态化、持续化的根本保障。为此，建议国家在中小学和大学中，推行严格的学生志愿服务制度，制作全国统一的“学生志愿服务卡”，将一定量的志愿服务作为学生毕业、评优等的必要条件，让青少年群体成为社会志愿服务的带动者、参与者、获益者。为了配合这一行动计划，需要在达成社会共识的基础上，对志愿服务接受单位、家庭、学校等多个方面，做好统筹化的制度设计和安排。

第六章　城市基层社会治理的进展

伴随着我国城市化进程的加快，截至 2014 年，我国常住人口城市化率达到 54.8%，大约 7.5 亿中国人开始居住在城市当中，中国社会逐步进入了真正以城市为主导的城市型社会。党的十八大以来，国家全面提出了国家治理体系和国家治理能力现代化的总体改革目标以及国家经济社会发展的新常态，而如何突出以人为本，更加注重经济发展质量和效益，继续改善民生，切实提升民众的获得感，成为各级政府谋求创新发展、共享发展的重要战略任务。众所周知，街镇、居委会、村委会等基层单位，是城乡居民的主要生活集聚地，也是诸多社会矛盾和社会问题集中存在的地方，更是直接体现民生改善程度的公共服务前沿，构筑稳定和谐、民主有序的基层社会共治体系，是全面构筑全民共建共享社会治理格局的重要保障。

第一节　基层社会治理

在新时期，切实加强基层社会治理创新，提升基层治理能力，对推动中国全面建成小康社会进而实现两个百年奋斗目标，均具有十分重大而深远的意义。具体而言，加强基层社会治理创新，具有三个重大意义：

一、加强基层社会治理，是国家治理体系的重要一环

实现国家治理体系和治理能力现代化，是党的十八大提出的全面深化改革的总体目标，而这一目标从横向来看，包括经济治理体系、政治治理体系、社会治理体系、文化治理体系和生态治理体系，是一个完整的全领域结构体系，而从纵向来看，包括中央或国家层面的国家治理、区域治理、省市区治理、基层治理，是一个完整的多层次治理体系。可见，基层社会治理，是国家治理过程中的重要一环，更是整个国家治理体系的重要组成部分和根基所在。唯有实现基层社会的有效治理，才会

实现整个国家治理能力的现代化。

二、创新基层社会治理，是创新社会治理体系的主要源泉

实践是检验真理的唯一标准，党的理论创新也不例外。创新社会治理体系是当前党和政府面临的重大理论创新和执政任务之一，但要想实现真正的创新，无法离开基层社会的支持。在基层社会中，蕴含着普通民众的聪明才智，存在着针对各类社会问题的有效治理方式，唯有从基层吸收经验，吸取民间智慧，才会不断丰富我国社会治理的基本理论体系和实践体系，进而总结社会治理创新的一般规律。因此，基层社会治理的创新，是国家创新社会治理体系的主要源泉。

三、创新基层社会治理，是提升民众获得感的重要依托

在新常态下，切实改善民众的公共服务水平、提升社会民生质量，提升民众真实的获得感，是新一轮全面深化改革和社会治理创新的重要目标所在。而民众的获得感，除了通过收入分配、政策扶贫等途径，切实提高收入水平和物质生活水平外，更重要的是，要让普通民众对自己身边或小区不断改善的生态环境、社会文明程度、人际关系和谐等隐形变化也深有感触，共享治理方式创新带来的成果和效益。而这些因隐形环境变化而产生的获得感，更多地需要依靠街道、居委会、村委会等基层社会的有效治理。因此，唯有真正实现了基层社会的创新性有效治理，才会真正提升广大人民群众的获得感。

第二节　上海创新基层社会治理的经验

上海作为人口、经济、信息、科技等各类要素高度集聚的现代国际大都市，社会治理工作始终是一个十分艰巨的战略任务，特别是随着上海经济加快转型发展、人口总数大量增加、社会结构趋于多元、群众利益诉求复杂多样、信息传播方式深刻变化，传统的社会管理模式面临严重挑战。特别是自 2014 年 3 月，习近平总书记提出上海要“努力走出一条符合特大城市特点和规律的社会治理新路子”的总体要求以来，全市上下共同努力，一起行动，努力寻求符合上海特大城市规律、满足民众需求、解决基层社会问题的社会治理良方。为此，2014 年上海市委、市政府设立

了题为“创新社会治理、加强基层建设”的市委一号课题，由市委书记亲自组织开展调研，历时近一年。课题组走访了大量的基层社区，听取了多层面、各领域的意见或建议，并于2015年的第一天，一号课题调研“1+6”成果（“1”指《市委市政府关于进一步创新社会治理加强基层建设的意见》[以下简称《意见》]，这是总纲；“6”是指六个配套文件，主要围绕深化街道体制改革、完善居民区治理体系加强基层建设、完善村级治理体系加强基层建设、组织引导社会力量参与社区治理、深化拓展网格化管理提升城市综合管理效能、社区工作者管理办法六个方面）正式发布，成为指导2015年全市基层社会治理改革创新的重要行动指南。在这一成果的指导下，2015年上海基层社会治理进行了卓有成效的实践探索与创新，取得了十分丰富的实践成果。

本节主要从政策的顶层设计和基层实践行动两个方面，全面分析2015年上海基层社会治理创新的进展情况，先对政策设计进行分析和解读。根据2015年年初上海市委发布的基层社会治理创新“1+6”成果的主要内容，按照五大原则（坚持党的领导、坚持核心是人、坚持依法治理、坚持改革创新、坚持重心下移）、两大目标（一是进一步完善基层社会治理体系。在基层社会治理中，党的领导坚强有力，政府主导作用全面发挥，社会各方力量有序参与，基层群众自治成效显著，政府治理与社会自我调节、居民自治良性互动局面基本形成，社会治理多元合力显著增强。二是进一步提高基层社会治理能力。提高基层统筹协调能力、改革创新能力、服务群众能力、依法治理能力、组织共治能力、引导自治能力、信息化运用能力等，营造良好有效的基层治理环境）出发，对特大城市基层治理做出了如下几个方面的顶层设计和战略部署：

一、全面深化街道体制改革

街道是特大城市行政体系的最基层，街道体制改革成为2015年上海创新基层社会治理的重点和亮点。对此，《意见》和配套文件《关于深化街道体制改革的实施意见》做出如下创新改革：

（一）完善街道职能定位

《意见》对街道的职能做出了新的界定：即街道主要履行加强党的建设（新

增)、统筹社区发展(新增)、组织公共服务、实施综合治理、监督专业管理、动员社会参与(旧版为协调社区资源)、指导基层自治(旧版为指导自治组织)、维护社区平安(旧版为维护社会稳定)八项职能。取消街道招商引资职能及相应考核指标和奖励,街道经费由区政府全额保障,推动街道工作重心切实转移到公共服务、公共管理和公共安全上来。把街道服务经济发展的重点转变为优化公共服务,为企业发展提供良好的公共环境。这一改革明确了"三公(公共服务、公共管理、公共安全)"是新时期街道的工作重心,对优化特大城市基层治理体系具有决定性的影响。

(二)理顺条块关系

在传统治理中,街道和居委会往往承担着上级部门指派的任务,任务十分繁重,有些居委会承担着100多项职能,有上百本工作台账,但所拥有的财权、人权、物权与繁重的工作事务严重不匹配,使得基层干部忙于应付完成各项上级任务,苦不堪言,更缺乏有效满足当地居民需求的实力和耐力。此次改革,为了充分保障发挥街道统筹社区发展的职能,针对权责不相匹配的街道运行体制进行了大刀阔斧的改革。《意见》提出按照权责一致的原则,科学界定条块职责,坚持重心下移、资源下沉、权力下放,赋予街道党工委对区职能部门派出机构负责人的人事考核权和征得同意权,赋予街道规划参与权和综合管理权,赋予街道对区域事关群众利益的重大决策和重大项目的建议权,努力实现让基层更加有职有权有物有人。为了进一步减轻基层工作负担,实行市、区职能部门职责下沉街道的准入制度,如有新增事项确需街道承担的,职能部门不能直接下派,须由区委、区政府严格审核把关,并做到权随事转、人随事转、费随事转,确保权责对等。

(三)优化机构设置

合理的机构设置,是充分发挥职能的重要依托。为此,《意见》提出按照精简、高效、统一的原则,全市所有街道党政内设机构按"6+2"模式设置,即统一设置党政办公室、社区党建办公室、社区管理办公室、社区服务办公室、社区平安办公室、社区自治办公室,同时可根据街道实际需要,增设2个工作机构。

(四)加强街道各中心建设

根据街道职能定位,构建面向基层的六大服务管理平台体系,即继续优化社区事务受理服务中心、社区文化活动中心、社区卫生服务中心的基本公共服务功能，进一步建立完善城市网格化综合管理中心、社区党建服务中心（原社区党员服务中心更名为社区党建服务中心）和社区综治中心，理顺条块关系，做到职能衔接、工作互动、人员融合，实现机关服务窗口化、平台化。

二、完善乡镇治理体制

近年来随着上海城市化发展和基层政区调整变动，在郊区出现了一些大镇、大型居住区等形态，管理服务任务很重，但行政资源的配置还是按照镇级建制进行配置，无法有效满足实际管理的需要，给基层治理带来巨大挑战。为此，《意见》对进一步完善乡镇治理体制做出了新的设计。

（一）增强统筹能力和强化主体责任

具体包括强化乡镇区域规划编制参与权，依法赋予乡镇城市管理综合执法权。执法管理力量和公共服务资源向城乡接合部、大型居住社区、人口集中导入地区倾斜，适当增加大镇的编制数量。切实落实乡镇党委、政府在推进地区社会治理中的主体责任，加强综合治理力度。

（二）加强镇管社区

设立社区党委、社区委员会、社区中心等组织架构和运作机制，形成党委领导、行政主导、社会广泛参与治理的格局。完善大型居住社区配套规划，加强公共服务资源配置，着力解决物业管理等突出问题。

（三）创建并做实基本管理单元

针对区划调整以后的一些大镇，综合考虑镇域公共管理有效性、公共服务可及性、居民参与便利性以及面积、人口规模适度性等因素，合理确定基本服务管理单元，配置相应的公共服务资源和行政执法、专业管理力量，设立社区事务受理、卫生、文化、综治等中心或服务点，增强基本公共服务的便捷性和执法管理的有效性。

（四）推进析出街道工作

对城市化地区中与中心城区或新城连接成片、边界清晰，达到一定条件的区域，区县要积极推动析出街道工作。

三、完善居民区治理体系

居民区是基层社会治理的基本单元，构建完善的居民区治理体系，是确保基层社会治理成效的重要保障。为此，《意见》提出如下主要改革策略：

（一）理顺组织体系，完善治理机制

提出在居民区建立健全以居民区党组织为领导核心，居委会为主导，居民为主体，业委会、物业公司、驻区单位、群众团体、社会组织、群众活动团队等共同参与的居民区治理架构。推行居民区党组织兼职委员制度，探索符合条件的居委会成员通过合法程序兼任业委会成员。健全居民区联席会议平台，加强居民区多元共同民主协商机制、建设，推进居民区难题化解和工作开展。

（二）推进减负增能，提高居委会自治能力

依法依规明确居委会依法协助行政事项清单，建立居民区工作事项准入机制。减少和规范居委会台账，加快居委会电子台账建设。结合实际，探索多样化的自治实现形式和途径，为居民群众自治提供支持。鼓励居民区引进社会组织，提供多元化的专业服务和支撑，提高居委会的自治能力和水平。保障居委会每年工作经费不低于 10 万元。

（三）加强居民区党组织建设和以党组织书记为带头人的居民区工作队伍建设

针对党组织建设，要求全面推进居民区服务型党组织建设、推动区域化党建工作向居民区延伸、推行兼任委员制度、进一步落实驻区单位党组织到社区党组织报到、党的组织关系不在现居住地的党员到居住地党组织报到制度等。居民区工作队伍建设，坚持面向基层、内育外引，通过基层选拔、社会招聘、组织委派、退休聘用等多渠道遴选。居民区党组织书记实行事业岗位、事业待遇，其中连续任职满两届、表现优秀、群众拥护的，经过规定程序可使用事业编制，在岗退休的享受事业编制退休待遇；中途离开书记岗位的，人走编留。居民区党组织书记使用的事业编制归口到社区党建服务中心。对“班长工程”给予了高度的重视和政策倾斜。

四、完善村级治理体系

（一）完善并强化村级组织体系建设

建立健全村务监督委员会。建立健全以村党组织为领导核心，村民委员会为主导，村民为主体，村监督委员会、村集体经济组织、驻村单位、群众团体、社会组织等共同参与的村级治理架构。巩固和完善农村地区社区民警驻村制度。推进基层服务型党组织建设，在具备条件的经济组织、农民专业合作社、村属企业等建立党组织，确保党的组织和工作全覆盖。

（二）深化村民自治机制

完善村民会议、村民代表会议制度，深化村务公开制度、村民议事协商机制，切实落实“四议两公开”制度。建立以村民评议意见为重要权重的村委会工作考核机制。完善村集体资产监管体制和运营机制，实行财政收支预决算、财务公开、离任和重大项目审计等制度，推进村委会与村集体经济组织功能分离、经费分账管理和使用，确保农村经济健康有序发展。

（三）推进美丽乡村和农村社区建设

建立多层次农村社区公共服务体系，推动公共乡镇公共服务延伸到村组，探索市场化、社会化、专业化途径，引导企业、社会组织、社区志愿者等力量参与养老服务、法律服务、环境卫生、绿化养护等社区服务和管理事务，提高农村社区公共服务和管理效能。完善村民自治章程、乡规民约，增强法治观念，开展文明家庭、文明邻里、文明村组建设，全面构建具有凝聚力、归属感的农村社区生活共同体。因地制宜、分类推进，加快农村城镇化步伐，建设美丽乡村。

（四）加强以党组织书记为带头人的村干部队伍建设

把以村党组织书记为带头人的村干部队伍建设，纳入全市和区县干部队伍、人才队伍建设总体规划。面向村党组织书记等优秀干部，加大定向招录公务员和事业编制人员的力度。建立优秀年轻村干部与党政机关、事业单位优秀年轻干部交叉挂职锻炼培养机制。完善村干部收入分配机制，探索建立村干部分类分级工作报酬制度，规范村干部社会保险缴费。

五、组织引导社会力量参与社区治理

社会力量是创新社会治理的主体力量。加大培育社会组织，引导多元社会力量参与社区治理，是特大城市提高基层治理效能的关键所在。为此，《意见》做出了如下制度安排和创新：

（一）进一步明确参与社区治理的社会力量主体和重点

具体指出，参与社区治理的主体社会力量包括驻区单位、社会组织（社区生活类、社区公益慈善类、社区文体活动类、社区专业调处类）、社会工作者、社区骨干（老党员、老干部、党外代表人士和在职党员、社区代表）、志愿者、两代表一委员（党代表、人大代表和政协委员），形成多元参与社区治理的良好格局。

（二）完善参与平台和载体

一是在区县、街镇、居村层面进一步健全区域化党建平台，整合区域内各类党组织资源和党员力量参与社区治理。二是优化社区协商共治平台，健全和落实社区代表会议和社区委员会制度，建立健全议题形成、调查研究、协商议事、项目执行、评估评议、跟踪监督等机制，促进社区民主协商，推动解决治理难题。三是拓展枢纽型组织平台，工青妇等枢纽型组织发挥资源整合、服务管理等作用。四是开放社区资源平台，利用社区事务受理中心、文化活动中心、卫生服务中心和社区学校等平台以及运用好慈善超市、老年活动室、志愿服务中心等场地资源，引入社会组织为居民提供优质的专业服务，最大限度激发社区共治活力。

（三）健全参与机制和扶持政策

一是建立健全驻区单位参与社区治理责任约束和评价激励机制，探索建立社区各方力量利益共享、合作共赢机制，激发驻区单位参与社区治理的内生动力。二是明确政府购买服务范围。编制政府购买服务指导目录、承接社区服务的社会组织指导目录。三是规范政府购买服务流程。建立健全以项目申报、预算编报、项目评审、组织采购、资质审核、合同签订、履约监管、经费拨付、绩效评价为主要内容的规范化流程。四是健全政府购买服务体系。打破政府购买服务中存在的区域性行政壁垒，鼓励和引导社会组织跨区域承接政府购买服务项目。五是强化政府购买服务绩效评价。积极推行第三方评价,确保评价工作的全面性、规范性、科学性,评价结果向社会公布,并作为以后年度选择和确定承接主体的重要参考依据。六是完善社会组织发展政策体系。进一步发挥社会组织孵化基地功能。完善社区公益服务项目招投标(创投)机制,发展专业性品牌社会组织。完善和落实有利于社会组织发展的财政和税收政策。七是加大组织领导和保障。政府购买服务所需资金列入同级财政预算,逐步增加资金比例,支持社会力量参与社区治理工作。推动居民区设立“社区自治金”,在街道、乡镇层面探索建立社区发展基金(会),为社会资金支持社会力量参与社区治理创造条件。

六、深化拓展网格化管理

(一)合理设置管理网格和职能边界

一是科学设置管理网格。将城市网格化管理延伸拓展到城市住宅小区和农村地区,实现管理网格在城乡各类区域全覆盖。将治安巡逻防控网、武装应急处置网、群防群治守护网与城市综合管理网格充分结合,确保城市管理、社会治安等各类网格可相互叠加、减少交叉。二是理清工作职能。城市网格化管理主要集中在与群众基本生活直接相关、可巡查发现的城市管理、市场监管、街面整治等领域,适宜城市网格化管理的其他社会管理和公共服务事项可按照规定程序逐步纳入。

(二)健全组织架构和完善运作机制

一是全面建立区县城市网格化综合管理中心。将联动联勤、“12345”市民服务热线、应急处置等职能统一纳入区县城市网格化综合管理中心。二是做实街道、乡镇城市网格化综合管理中心。根据工作需要,整合相关管理机构单位,建立街道、乡镇城市网格化综合管理中心,对各渠道发现的问题进行派单调度、督办核查,指挥协调相关执法管理队伍开展联合执法处置等工作。三是完善工作运行机制,包括城市网格化管理与居村自治管理相衔接机制、多渠道全领域发现机制、分层分级派单机制、分类处置机制、联动联勤工作机制、监督考核机制等,将工作重心从事中、事后向问题产生的源头进行联动治理延伸,从事后惩罚执法向日常全过程管理转变。

（三）完善城市网格化综合管理信息平台

打破部门间信息壁垒，统一数据标准，打造涵盖城市综合管理各领域、各层级的城市网格化管理信息系统或平台，横向全面整合集成，纵向推动全对接、全覆盖。加强信息的大数据分析和运用，及时研判分析城市综合管理热点难点和趋势规律，为职能部门和街道、乡镇绩效考核及各级领导决策提供支撑。

七、建立社区工作者职业化体系

根据《意见》和《上海市社区工作者管理办法（试行）》的规定，对社区工作者队伍建设做出如下创新安排：

（一）明确社区工作者的范围

提出社区工作者是指在本市居民区和街道、乡镇公共事业岗位直接从事社区服务和管理，由街道、乡镇承担全部经费保障和统一管理使用的全日制工作人员。目前主要由居委会全日制工作人员，街道、乡镇中心聘用人员，街道、乡镇聘用的社区专职工作人员，以及其他经区县党委、政府批准纳入的人员构成。职能部门下派社区的专职工作人员，可分批认定、逐步纳入。

（二）建立职业化体系

一是社区工作者主要采取依法依规选任、社会化招聘等方式进行配备，凡正式聘用纳入社区工作者管理范围的人员，享受相应的薪酬福利待遇。二是根据岗位特点、工作年限、受教育程度、相关专业水平等综合因素，建立社区工作者岗位等级序列。三是按照人均收入高于上年全市职工平均工资水平的标准，建立与岗位等级和绩效考核相衔接的薪酬体系，根据全市职工平均工资增长情况进行动态调整，并按国家和本市有关规定，以工资收入为基数足额缴纳社会保险和住房公积金。这些改革，为稳步提升基层工作队伍的收入水平和福利待遇提供了制度保障。四是建立社区工作者职业资格认证制度，推进社区工作者职业水平考试，鼓励和引导社区工作者走职业化、专业化道路。

（三）实施契约化管理

正式聘用的社区工作者必须签订劳动合同，实行劳动合同管理。劳动合同统一由专门的民办非企业单位与社区工作者签订。

(四)拓宽职业上升通道

畅通优秀社区工作者进入党政机关、事业单位的通道,鼓励其参加各类竞争性选拔,并在同等条件下优先录用;鼓励党政机关、事业单位有计划吸纳优秀社区工作者;定期安排社区工作者轮岗交流、实践锻炼和教育培训等。

(五)完善绩效考核机制

重点考核工作实绩和群众评价,考核结果作为社区工作者调整岗位、调整等级、薪酬待遇、奖励惩戒、续聘解聘等的重要依据。

上述改革打通了基层工作者的上升渠道和发展空间,切实提高社会工作者的收入待遇,使基层工作成为一项有地位、有保障、有前途、人人向往的体面工作,为基层治理注入新的活力。

第三节　基层治理改革面临的问题及建议

一、主要问题

任何一项改革都存在风险与问题,基层治理改革也一样,在释放基层活力的同时,也面临着一定的问题。2015 年上海基层治理改革已经基本完成,根据实地调研来看,主要存在如下几个问题:

(一)基层结构调整面临的职能分散化和"多对一""一对多"的问题

也就是说,在传统管理时期,街道设置有多个科室,科室职能相对综合化、明确化,对应上级部门也较为清晰,例如原来的民政科就是对应上面的民政局,但此次改革以后,本来属于一个部门或科室管理的诸多职能根据"6+2"的要求,可能进行了分散化配置,即不同领域的工作任务被配置到不同的办公室当中了,如民政的社区自治、养老等管理职能可能分属不同的办公室,这造成了基层多个办公室同时对应区县同一职能部门、区县一个职能部门可能同时联系街镇多个办公室的局面,在改革初期对纵向管理上可能带来一定的混乱和不便。当然,随着职能部门人员对新工作任务的不断熟悉和正常开展,这种矛盾也会得到逐步理顺和解决。

(二)缺乏统一规范的适应基层单位职能的绩效考核办法

根据基层体制改革,街镇完全放弃了传统的招商引资职能,进而转到公共管理、公共服务、公共安全上,也取消了原来的经济考核指标,更重要的是,街镇被赋予了对驻区单位绩效考核的参与权和建议权,这些制度有效地保障了街镇不断提升以块为主的公共治理水平。但调研发现,在全市范围内,一方面,对基层街镇干部尚没有一个统一的新的绩效考核体系,以充分反映公共管理、公共服务、公共安全的治理程度,以及为民服务的水平;另一方面,街镇考核驻区单位也只落在纸面上,尚没有具体的抓手和操作规范。以上这些都有待进一步完善、细化和落实。

(三)基层居委会干部薪酬体系改革引发公务员对收入分配的议论

根据最新的改革举措,居民区党组织书记被纳入事业编制,制定了薪酬体系,实现了职业化发展,这对吸引更多有为青年积极投身社会基层工作无疑具有非常大的激励作用,对夯实基层治理具有决定性的作用。但在调研中我们也发现,有些城区实施居委会书记队伍的薪酬改革以后,其收入水平有了明显增长,甚至还高出了部分刚入职公务员的收入水平,这引发了公务员群体对收入分配和自身价值的再议论。当然,存在这种质疑和争论也是正常的,但根据笔者对居民区党组织书记工作复杂性、繁杂性和基础性特征的了解认为,一个真正愿意为民服务、帮困解忧的合格基层书记,可能在工作上比一般人付出了更多的精力,就应该获得比一般人多一点的收入。

二、趋势特点

在新时期,上海推动的上述基层治理改革,是对已经实行近 20 年的“两级政府、三级管理、四级网络”模式的再创新,是有效应对社会转型、破解复杂多元社会矛盾的体制机制再造,具有十分重大而深远的战略意义。随着上述改革方略的不断落实和推行,上海的基层治理将呈现如下几个趋势性特点:

(一)真正走向以民为主、需求导向的治理,治理效率趋向更高

特别是改革方案做出的取消街道招商引资职能和“6+2”体制设计(即统一设

置党政办公室、社区党建办公室、社区管理办公室、社区服务办公室、社区平安办公室、社区自治办公室，同时可根据街道实际需要，增设2个工作机构），将会进一步推动街道工作由“向上对口”转变为更加注重“向下对应”，会更好地面向基层、面向群众、面向需求，满足百姓需求、改善民生服务将真正成为基层治理的出发点和落脚点。

（二）基层治理更趋区域化、综合化、信息化

通过“双报到”制度的实施，街道党组织的统筹协调作用将会得到显著放大，区域化党建将成为调动纵横向各类资源的有力治理平台，基层治理更走向区域化、综合化。特别是城市网格化综合管理中心的构建，将不断整合城市管理资源，带动城市管理走向联动化、信息化、智慧化，为群众提供便捷、高效的公共服务。

（三）基层社区治理呈现多元参与的共治格局，构建真正的社区生活共同体

发挥党和政府的作用，完善和落实有利于社会组织发展的财税政策，制定政府购买服务指导目录和承接社区服务的社会组织指导目录，将为社会组织、居民、企事业单位有效参与社区治理提供渠道和平台，在提高基层公共服务水平的同时，会真正建成丰富多彩的基层社区生活共同体。

第七章　城市化邻避冲突及解决方法

以色列政策科学家叶海卡·德罗尔在其《逆境中的政策制定》一书中，认为处于社会转型时期的国家普遍存在一种逆境状态，即“不同原因造成的难以消除的各种社会紧张状态”，这一状态下，各种形式的社会矛盾和利益不平衡突显，各类群体性事件频发，其中以邻避事件尤为典型。一方面，随着城市人口规模迅速膨胀，居民对城市公共服务的需求剧增，迫切需要公共部门配置若干公共设施以提升城市的经济、文化和社会服务职能，从而满足生活需求。另一方面，单位制影响逐渐弱化，社区建设运动兴起。城市业主阶层不断壮大，城市居民逐渐由“单位人”向“社区人”转变。公众的社区观念及环保维权意识显著提高，信息传播技术不断发展，这些都为邻避冲突的出现提供了条件。因此，从某种程度上来说，“邻避冲突”的出现是社会转型发展下的伴生物。如何搭建社会共商共议机制，从源头上妥善处理、化解这一问题，成为城市管理者们必须面对的重大课题，也是考验各级政府行政能力的新挑战。

第一节　“邻避冲突”概述

国外学者的早期研究始于20世纪70年代末，中国香港、台湾地区对“邻避冲突”的理论研究也起步较早。进入21世纪以后，中国大陆部分学者开始相继关注这一课题，主要集中在相关概念探析、冲突内因探讨、抗争合理性讨论以及治理对策研究等方面。

一、相关概念辨析

（一）邻避

“邻避”一词源于NIMBY（“Not In My Back Yard”）的音译，即“不要建在我家后院”。英国记者艾米利·T. 利夫齐在1980年11月6日发表的《基督教科学箴言报》上，用此说法来描述当时美国人对居住区周围堆积的化工垃圾的警觉和反感。此后，“邻避”一词被媒体和学术界广泛使用。原指为达成社会福利所不可或缺的特殊公共设施，因给当地居民生活的安全、环境与卫生等带来诸多负面影响，从而引发他们的嫌憎情绪，产生“不要建在我家后院”的心理预期，这类特殊的公共设施即被称为“邻避设施”。

（二）邻避设施

1977年，厄黑尔首次提出“邻避设施”这一概念，并将其定义为具有污染威胁的设施。具体而言，即能够带来整体性社会利益，但可能会对周围居民的身体健康、环境质量和资产价值等产生负面影响的设施，如垃圾焚烧场、污水处理厂、公共交通设施等。国外称此类不受居民欢迎的公共设施为“露露”（LuLu：Locally unwanted Land use，即地方上排斥的土地使用）。台湾学者还用“负面性设施”“嫌恶性设施”“不宁适性设施”等概念来指称它。

按照不同的分类标准，可将常见的邻避设施分为以下几类：首先，根据邻避效果的程度不同，李永展等人将城市邻避设施分为四个等级：不具邻避效果（如邻里校区公园、图书馆等）、具有轻度邻避效果（如车站、医疗与卫生设施、购物中心、邮电设施等）、具有中度邻避效果（如性病防治中心、高速公路、市场、自来水厂等）、具有高度邻避效果（如丧葬设施、垃圾焚化炉、污水处理厂、核能发电厂、变电所等）；根据“预期损失—不确定性”的划分标准，陶鹏、童星将邻避设施分为污染类（如高速公路、市区高架、垃圾污水处理设施等）、风险聚集类（如变电站、加油站、核电站等）、污名化类（如戒毒中心、精神病/传染病治疗机构、监狱、社会流浪人员救助机构等）、心理不悦类（如火葬场、殡仪馆、墓地等）；按照邻避设施的服务功能指向的不同，可以分为能源型设施、废弃物处理型设施、交通型设施、工业生产型设施和社会服务型设施五类。此外，根据邻避设施的规模和层级大小又可以分为邻里设施、全市性设施、市际性设施和区域性设施。

总体而言，邻避设施本质上属于公共设施，其兴建通常是为了给周边乃至更大范围内的民众提供公共生活上的便利服务，关涉公共福祉。但由于其风险规避成本较高，极易引起选址区居民的反对。比如居民无法通过自己采取措施来控制加油站的爆炸风险、无法摆脱垃圾处理设施产生的异味、无法消除住所附近的高架桥产生的噪声等,由此不确定性而导致选址区居民往往倾向于采取“防患于未然”的措施加以抗争。

(三)邻避情结

“邻避情结”意指居民因担心垃圾处理场等设施建在附近,会给其生活区域带来负面影响而产生的抗拒心理。学者孔繁斌认为,邻避情结主要起因于价值观的变化,即社区居民从过去对政府的决定一味顺从,转变为环保观念和维权意识的逐步觉醒。具体体现在以下方面,一是基于其对自身生存权和环境权的考虑,从而在认知上全面拒绝邻避性设施。他们并非单纯地反对某个设施或项目本身,而是为了确保自身权利的正当性与合理性得到有效保障。二是强调以“环境价值”作为是否兴建公共设施的优先考虑标准,体现了一种环境正义。三是邻避情结本身是一种情绪性的反应,是公众在心理层面上做出的一种选择。对于多数抗议者来说,其并非在技术、经济、行政管理等层面具有足够理性的知识。因此邻避问题之所以难解决,很关键的原因在于它是一种情结,需要靠时间、靠改进做法慢慢去调整和优化。

在早期的讨论中,有学者认为邻避抗议“不一定要有技术层面、经济层面的理性知识,而可能是一种情绪性反应”,或干脆认为邻避情结(NIMBY syndrome)就是一种自利的意识形态或政治倾向。但在后期的研究中,越来越多的人认为居民在邻避问题上的态度应该是合理的,且在政治上是合法的。居民反对关乎着更大的公共利益问题,比如政府开支、可持续发展和社区参与等事宜。因此,作为具体利益诉求,邻避冲突的存在是城市发展过程中的常态,如何采用正确、合理的方式加以解决才是重中之重。

(四)邻避抗争

“邻避抗争”,即邻避设施周围的居民担心这些设施对其生存权和环境权带来诸多的负外部效应,从而引发的强烈的甚至高度情绪化的集体反对行为,也叫作“邻避行动”。张乐、童星把邻避行动分为三类:污染类邻避行动、风险聚集类邻避行动、心理不悦类邻避行动。这是邻避设施的性质不同,导致其所引发的邻避行动不同。

"邻避抗争"行为一般由五个重要因素组成:①民众对政府和邻避设施建设方、经营方的不信任。②民众与邻避设施经营方之间在邻避设施的危害和风险方面信息不对称(即民众接收到的有关邻避的危害和风险的信息有限)。③对于邻避设施的抗争是地区性的,而非更大地域范围的。④邻避抗争是一种情绪导向的抗争行为。⑤对于邻避设施风险的高度担忧,民众产生普遍的风险规避心理。

二、"邻避冲突"的特征

在国外相关理论研究的基础上,国内学者对邻避冲突的特征进行了本土化考察。

学者何艳玲以国内某小区反变电站事件作为个案,进行了阶段化的具体分析。运用"动员能力与反动员能力共时态生产"框架,分析并解释了中国式邻避冲突相区别于其他国家(地区)的特殊性。这种特殊性即在于:邻避抗议层级螺旋式提升、邻避抗议行动议题单一、邻避冲突双方难以达成妥协。在某城市集体抗争运动中,何艳玲进行了相关具体分析。

①邻避冲突的"成本或收益高度集中化"。这是指邻避设施所耗费的成本和所带来的福利分别由不同的群体承担或享受。②邻避冲突的"高度动员性"。在家园情感和邻避情结的感染下,社区成员往往会在外力威胁下迅速达成共识,形成临时的新的共同体。③邻避冲突的高度不确定性。这是指许多邻避冲突所指向的目标往往是带有一定专业性的环保污染问题。由于信息不对称,选址地区的居民对于邻避设施的利弊、风险概率以及如何避免这类威胁等问题往往不甚清楚。基于安全考虑,通常会从主观上将风险最大化,从而全面排斥邻避设施的兴建。④邻避冲突的跨区域性。邻避冲突往往涉及跨区域的、政府间的管理协调。因此有效的邻避冲突管理,常常需跨越不同的行政区,需要政府间垂直与水平的合作。

张向和、彭绪亚以垃圾处理设施为代表,认为我国的邻避现象呈现出以下四方面的特征:"邻避现象发生的范围纵向延伸,内容、类型和区域越来越广泛;邻避抗争途径与手段多样化,除暴力手段外,还通过网络争取利益,并在抗争中同时使用多种渠道和手段进行;城乡邻避抗争存在差异;邻避抗争对制度演化的作用加强。"

三、"邻避冲突"的原因分析

关于邻避冲突产生的原因有多种,国内研究多是从心理、政治、社会、经济等多方面入手展开综合分析。从理论上来说,邻避冲突的发生主要是由邻避设施的负外部性导致的。外部性的出现,意味着邻避设施所生产之效益并未通过市场机制产生合理的分配。邻避设施将生产成本外部化,外部化的成本往往转嫁给设施周边的民众。从而导致负面外部成本大于经济利益,迫使居民不得不采取远离或抗争行动。

从民众与政府主体互动的角度,台湾学者叶名森认为邻避冲突的原因包括有认知不同、互信不足、政治介入以及环境权出卖等。管在高将邻避设施的兴建与近年来群体性事件频繁发生的深层次社会背景相结合,指出我国邻避冲突的直接原因包括环境污染、社区形象、房产贬值和不确定性忧虑;引起抗争的社会深层因素包括:政治体制开放及公民自主性的增强、基层政府权威的削弱与司法救济渠道的不畅、群众权利意识的觉醒、社会整合机制的滞后及社会组织独立性的缺乏。

张熙炜借鉴西方社会运动理论,构建出综合分析模型,认为邻避运动的发生动因主要有以下几点:

一是政治动因,即民主权利和民主文化不断深入背景下的认知解放和文化重构。在此背景下,现代民主体制不断完善,市民社会不断成长,公民维权意识不断提高,公共话语空间不断扩大。

二是心理动因,"为什么偏偏要建在我家门前"的相对剥夺感,即邻避情结。

三是人口动因,即城市中人的因素,也就是公民群体的自主联合和精英带动。

四是经济和科技动因,即在于媒体开放时代,可利用资源和机会的增加。

除此之外,以下几种理论更加系统地对邻避冲突的原因进行了阐释。

第一,环境公平理论。主张在人与自然的生态关系方面,所有的人在开发和利用环境资源的同时,必须承担自然的责任,以实现利用与保护的平衡。在人与人的社会关系方面,所有的人公平地享受环境权利,公平地承担保护环境的责任。李永展从环境正义的观点指出:"都市外缘地区因长期被视为邻避设施设置的最佳区位,因此,其规划往往是选择都市外缘地区设置,而都市外缘地区必须强迫负担与其他非边缘地区不对等的外部成本。"这种将负面成本外部化的做法,即违背了环境正义原则。邻避设施所带来的巨大正效益由全社会共享,但其成本却由外缘地区居民来承担,从而导致冲突发生。

第二,成本效益理论。邻避设施所产生的外部成本在构建上一般集中于附近的居民,而远离此负外部效果的居民却享受邻避设施所提供的效益。不对称的利益分配结构,导致受益群体与成本分担群体之间的利益冲突难以调和。邻避冲突的爆发根源,即负面外部成本大于经济效益。邻避设施的设置,对于选址区居民健康的威胁、居住景观的破坏、社区形象的下降以及房产价值损害等远远大于其所带来的公共福利。因而,居民不得不采取远离或抗争行动,而采取抗争对居民而言是有利无害且抗争成本极低的,若抗争成功,将可以得到补偿或较低的风险威胁,若是失败也不过是维持现状而已。

第三,社会冲突理论。这一理论以反对结构功能主义而提出,以科塞、达伦多夫为代表,重点研究了社会冲突的起因、形式、制约因素及影响。李培林认为冲突具有普遍性、对立性和辩证性。邻避冲突作为社会冲突的一种,特别是在当前中国转型社会,其实质上是一种基于不同诉求的利益冲突。除了地方政府、设施运营商和社区民众,环评单位、环保社会组织、大众媒体也是这类冲突中不可或缺的参与主体,对于冲突的发生发展及最终解决有不同方面的重要影响。学者诸大建认为,如不重视邻避冲突,它也会衍生成政治冲突。“邻避”现象中居民与政府部门等发生冲突,是因为公共设施的好处和收益由全社会共享,而风险和成本却主要由设施周边的少数居民承担。这是一种因民生而起的冲突,并不是政治性冲突,但如果类似事件不断发生而得不到妥善处理,就有可能导致政治性冲突。

第四,集体行动理论。根据奥尔森的集体行动理论,基于集团中的个人的经济人的本质,在追求集团利益的过程中,个人必然会考虑其付出的成本与获得的收益之间的比例问题。邻避设施的受益人群人数众多、联系松散、利益分散,且个人影响力极为有限,所以倾向于采用“搭便车”行为,在邻避设施的选址政策中成为“沉默的大多数”,不愿表达意愿或采取行动来支持邻避设施的选址或兴建。邻避设施的选址区居民却由于非自愿地承担了邻避设施负面性所导致的成本,且居民个体之间居住集中、联系紧密、利益关涉度较高,极易组织起来,成为邻避设施选址政策的“受害者联盟”,一致采取集体行动来影响邻避设施的选址政策,共同抵制邻避设施的选址和兴建。

第五,危机管理理论。该理论认为公共危机的发生是诸多因素综合作用的结果。邻避设施的设置其实是一种公共建设,应该不论公私部门获益为何,而是从社会整体方面进行考虑。主张通过良性协商机制和动态管理,对邻避冲突进行有效的源头治理和过程控制。并相信在有效沟通下,如果双方愿意遵守协定,会造成社会整体效益的增加,解决民众抗争和无处可设的困境,从而间接减少抗争所造成的社会成本的增加。

第二节　发达国家和地区邻避冲突的治理经验

一、美国:市场诱导型治理模式

邻避现象最早出现在美国。20 世纪 80 年代,美国的邻避运动愈演愈烈,被称为"邻避时代"。1990 年,美国为此专门召开国家研讨会,通过研究历史上邻避设施设置成功与失败的案例,总结出一套设施建造应遵循的制度并沿用至今,对我国有重要的参考意义。这种治理模式主要是通过市场的方式诱导需求,强调个人自由和经济理性,权力运用的手段较为柔和,效果也较为明显。

(一)注重公众参与

1990 年,美国召开了设施设置国家研讨会,总结制定了一套设施设置准则。第一条即设场时要"制定一个基础广泛的参与过程"。昆鲁斯等通过分析发生在美国的大量成功设场案例,发现促使社区同意接受设场的最重要的两个因素是:公众的广泛参与和社区居民对设施的充分信任。

(二)适当的经济补偿

邻避设施的补偿方式,包括现金补偿和非现金补偿。这一措施的提出是基于经济学中的效益选择函数理论,即假定项目带来的效益超出了自身引发的损失,在风险中立的情况下居民就会选择接受该项目。

非现金补偿,包括实物补偿、应急基金、财产保险、效益保障和经济激励。实物补偿,指以拨款的形式增加社区的医疗、住房、教育等社会福利;应急基金,指开发者承诺提供一笔基金来支付未来发生意外灾害或风险所造成的损害;财产保险,指为场址周围的不动产提供保险,防止因设施带来房产的贬值;效益保障,指建厂及运营阶段直接或间接雇用地方上的居民;经济激励,指计划所带来的消费可提高当地生活的品质。美国历史上有许多案例证明,补偿对于解决邻避冲突都达到了预期的效果。

(三)竞争性选址

1990年,美国制定的设施设置准则不再提倡行政命令形式,而是鼓励"通过志愿程序得出可接受选址"和"考虑竞争选址程序"。实质在于把选址的权力返还给社区民众,由他们自己去衡量设施设置带来的利弊得失,从而决定是否接受设施建造。

志愿和竞争设场程序一般包括三个步骤:①根据相关标准,由公众设置机构确定符合技术规范的几个选址,并向民众公开。②各地区通过公民投票决定是否参与竞争设场。为了鼓励公众参与,开发者还为那些真正感兴趣的社区提供资金来做有关设场的调查研究。③以"乐透—拍卖"的形式决出最终选址。设施开发者事先制定一定的补偿标准,通过乐透形式从备选地址中选出一个作为暂时的设场地点,再通过最低补偿金拍卖来决定最终设场权。

二、新加坡:权威型治理模式

新加坡在邻避问题的解决上采取权威型治理,即典型的专家政治的政策制定模式,即"决定—宣布—辩护"决策模式(Decide-Announce-Defend,即DAD),其重点是如何从技术和经济效率角度选择成本最低的选址。

作为政府单方面主导的决策,这种治理模式的好处在于可以比较顺利地推进邻避设施的设置,避免引发民意反对。其不足之处在于民主程度较低,没有考虑利益受损群体的利益诉求,特别是在制度不健全的国家,倘若一味无视民众意见,极有可能引发更大的社会冲突,给社会稳定造成极大隐患。新加坡政府采取这一模式并取得成功的前提在于,一方面,政府享有很高的信誉度和公信力,民众在邻避设施选址问题上充分信任政府的公正立场;另一方面,新加坡政府在土地规划和环境保护领域的高投入与高水准,保证了邻避设施与居民区的安全距离,最大限度降低其对环境的负面影响。此外,新加坡中央政府高度统筹五个社区的市政建设,社区间良性竞争、优势互补，避免了重复建设和功能区雷同的现象。因此，必须依据本国实际国情，不能完全照搬照抄他国制度模式。

三、其他国家和地区的特色经验

除了上述两类典型的治理模式之外，其他发达国家和地区在治理邻避冲突问题上也有着各自值得借鉴的经验。韩国在这一领域的立法制度建设方面发展较为成熟，于 1997 年由韩国立法研究所会同韩国环保部共同研究发布了著名的《促进区域性垃圾处理设施建设法》并进行了多次修订。通过居民选址委员会与主管部门和专业机构共同合作来确定邻避选址，充分听取居民意见并由居民全程监督。日本解决邻避问题的办法是分区自治，各区自行处理。近几年，日本开始逐步由小型处理设施向新的大型处理设施转变，以降低整体运营成本。我国香港地区的治理经验主要在于前期大量的基础调研和研究工作。通过在全球范围内征集专业技术方案和推选环境咨询小组，以最大限度地确保邻避设施的技术安全性和环境合理性，从专业技术层面获取民众信赖与支持。我国台湾地区的邻避治理同样经历了一步步走向成熟的阶段，特别是 20 世纪 90 年代以后，开始实行小区总体营造计划。由行政部门和企业负责推进项目，提供客观的环境影响评估，告知民众项目的边际利益和其所带来污染的边际危害，将决定权交给民众，以兼顾地方产业与社区环境实现共赢。

第三节　我国城市邻避冲突的化解机制

近年来随着城市公共基础设施建设的大力推进，邻避冲突事件呈现上升趋势。邻避问题不应被视为单一的环境问题，其影响层面已扩及政治、经济、社会及法律层面。为了全面有效化解这一问题，必须从多方面入手展开综合治理。

一、理念层面

地方政府应以现代治理理念为指导，转变对于邻避冲突的固有认知模式，转变对于邻避风险的判断模式以及传统被动的应急管理思维。牢固树立“以人为本”的发展理念，明确角色定位，加强公信力建设，从“管理型政府”向“服务型政府”转变。在风险认知上,公共管理者需要认识到,邻避冲突不仅仅是邻避设施的负外部性所引发的科学技术问题,更是涉及民生、经济、社会和价值观等因素的综合性问题。在对待选址区居民的态度上,应保持充分的尊重和理解,而不是武断地将其行为视为自私和闹事。

二、制度层面

借鉴美国、新加坡等国家应对邻避逆境的成功经验,加快我国邻避设施选址和环评领域的法制化进程,将邻避设施的规划、设计、选址、决策、实施、争端解决机制等方面纳入法治化的轨道。逐步规范地方间竞争,以提高政策制定质量,防止过度重复建设,确保项目实际效果。同时,积极听取民意,加强与民众互动。拓宽民众利益诉求渠道,完善合法维权机制,构建开放的选址区居民参与机制和邻避风险沟通机制,确保邻避项目能够充分体现民意,将项目风险和治理成本降到最低。发挥人民调解制度的作用,借助环保 NGO 等社会力量促进矛盾协商解决,做好抗议民众的情绪疏导工作,降低其维权成本。最后,在环境公益诉讼制度不断建立健全的背景下,确保司法诉求渠道畅通,通过法律程序使冲突得以有效解决,减少不必要的各类损失。

三、技术层面

创新技术手段,尽可能控制和降低邻避设施的负外部性效应。借鉴我国香港地区经验,从前期调研准备工作入手,最大程度确保邻避项目的安全性、科学性和合理性。引入具有专业性、公正性和草根性的第三部门全程参与设计、实施,以确保政策制定和项目实施的科学合理。另外,在信息层面,加强信息公开透明,保障民众的知情参与权。这是对于公民基本权利的尊重和保障,更是政府公信力建设的必然要求。随着大众传播媒介的快速发展,一些利益相关民众由于缺乏对邻避设施的全面了解,加之对某些政府部门的不信任,很容易轻信部分讹传和流言,从而产生更加强烈的不安全感和过度的自我防御行为,导致集体化的对抗性情绪反应,形成恶性循环。另外,一些地方政府为了促进某些有争议性的邻避项目尽快上马,在规划前期对项目信息进行了选择性公开和部分刻意隐瞒,使民众感到自身的知情权受到了严重侵犯。由此产生的信息不对称,往往极易引发抗议项目本身之外的非现实性冲突，后果通常也更加严重。因此，政府应及时做好信息公开工作，尊重和保障公民的环境知情权。转变过去“命令—服从”的单向管理意识，邀请民众共同参与到重大的公共政策制定中来。从前期的规划制定、环境评估、分析论证等环节开始，落实好公众参与和互动反馈。

四、社会层面

适当放开民间环保组织管制，调动民间环保 NGO 力量，推动各方协同治理，特别是要充分发挥环保类社会团体在预防和处理邻避运动方面的特殊优势。例如 2011 年 8 月，“达尔问自然求知社”发布北京市垃圾分类试点调研报告；2013 年 5 月，自然大学在北京举办首届“邻避运动案例研讨会”。一方面，民间环保组织植根于基层社区公众，和社区居民的日常接触广泛密切，是反映社情民意、引导社会舆论、缓解社会压力的重要场所。他们既是邻避运动的预警者，又是公众合法权益的代言者。另一方面，环保团体可通过对国家相关政策法规的宣传普及，让社区公众全面真实地了解国家相关法规政策，起到上情下达的作用。同时，为冲突双方提供对话沟通的平台，促进及时有效互动，从而避免因信息不对称而造成不必要的冲突与损失。

第八章　国家社会信用体系建设

伟大的思想家管子说过:“诚信者,天下之结也。”诚信是做人的根本,是各种社会关系的精神纽带,更是中华民族几千年不断传承与发展的重要精神支柱。作为社会主义市场经济体制和社会治理体制的重要组成部分,加快社会诚信体系建设,实现社会组织和社会个体的信用信息联网与共享,构建跨部门联动的失信惩戒机制,对增强社会成员诚信意识,营造优良信用环境,提升国家整体竞争力,促进社会发展与文明进步具有重要意义,也是构建全民共建共享社会治理新格局的重要内容和基本要求。

第一节　社会信用体系的结构、功能

一、信用的基本概念与内涵

(一)信用的概念

在中国文化语境中,信最初指的是祭祀上天和先祖时诚实不欺、不敢妄言。先秦思想家的理论表明,信最基本的内涵是诚实不欺、言行一致、表里如一、身体力行、信守承诺,即“言必信,行必果”。因此,诚实守信始终是中华文化的基本道德观念之一,也是要求每个人做人做事应该遵循的基本准则。例如孔子早就指出,“人无信不立”“诚者,天之道也;诚之者,人之道也”。汉代大儒董仲舒提倡“仁、义、礼、智、信”五常,信作为“五常”之一。可见,信是一个人立身处世的基本准则,更是一个人在社会生活中安身立命的道德支撑。一般而言,信用有狭义和广义之分,狭义上的信用特指商业信用或市场信用。根据马克思的解释,“信用,在它最简单的表现上,是一种适当或不适当的信任,它使一个人把一定的资本额,以货币形式或以估计为这一货币价值的商品形式,委托给另一个人,这个资本额一定要偿还。确切地说,商业信用作为商品经济条件下价值运动的特殊形式,反映了货币或商品的持有者以还本付息为条件,把货币或商品暂时转让给他人使用的债权债务关系。广义的信用则是指人们在社会生活中能够履行契约义务而取得的信任。在现实生活中,人们往往在多层意义上指称信用:一是行为主体履行契约的主观诚意;二是行为主体所承担契约义务得以完全履行的结果,即行为主体履行契约义务的实际能力或信用能力;三是行为主体凭借良好的信用诚意及其恪守信用的经历而获得他人的信任。”

(二)信用的基本内涵

信用作为一种带有经济和社会意义的概念,它具有以下几个基本内涵和规定性:一是互动性。信用体现的是一种互动的社会关系,它不是独立存在,而是镶嵌在其他社会关系之中,是授信方和受信方在经济活动、社会活动当中形成并得以表现的一种互动关系,双方可能在信用活动中所掌握的情况存在一定的差异,使得信用关系表现出不同的强度和程度。二是不确定性。由于信用本身的价值单向运动特征,决定了任何一种信任关系都具有不确定性和潜在的风险,尽管在信用活动中,信用主体都明确需要承担各自的义务和责任,同时也可能达成了某种共识和默认,但只要任何一方信用主体因机会主义而违反契约,就大大增加了信用的不确定性。除非存在不可抗拒因素的介入,否则不管未来对己是否有利或不利,信用主体应该以自己行为的确定性来抵消与预防未来的不确定性。三是外部性。信用活动除了给信用双方利益产生影响外,还给他人(外部)的信用行为带来程度不一的影响。遵守诺言、诚实守信的良性信用关系,将会发挥正面效应,带动个体和整个社会逐步形成诚实守信的大环境,促进社会的和谐发展,而惯常违约或欺骗,也会导致很多人的效仿,引发广泛的负面影响,引发越来越多的人加入失信者行列,最终导致社会信用体系的瓦解。

二、社会信用体系的结构与功能

(一)社会信用体系的结构

根据国家颁布的《社会信用体系建设规划纲要(2014—2020年)》的规定,社会信用体系是社会主义市场经济体制和社会治理体制的重要组成部分。它以法律、法规、标准和契约为依据，以健全覆盖社会成员的信用记录和信用基础设施网络为基础，以信用信息合规应用和信用服务体系为支撑，以树立诚信文化理念、弘扬诚信传统美德为内在要求，以守信激励和失信约束为奖惩机制，目的是提高全社会的诚信意识和信用水平。根据不同方法，社会信用体系可以划分为以下几种类型。一是根据信用主体的社会角色和地位看，主要存在公共信用和私人信用。公共信用是以政府（包括国家、政党、各级政府、各政府部门、公营事业部门，以及从事职务行为的政府官员）为授信方或受信方而产生的信用关系，它以国家强制力为后盾，具有一定的强制性；私人信用是指平等的社会行为主体（包括个人、企业、民间组织等）之间产生的信用关系。对此，还有一种划分方法就是通常把社会信用体系划分为政务诚信、商务诚信、社会诚信和司法公信四大类型，这也是我国采取的划分方法。二是从信用关系的运行过程看，社会信用体系主要存在法律体系、征信体系、信用市场体系、惩戒体系等基本过程内容，它是一个集信用法律保障、信用数据采集、信用数据评估、信用查询和服务、信用成果应用于一体的综合体系。

（二）社会信用体系的社会功能

人类的文明发展史表明，信用和信任在人类社会的发展中具有举足轻重的地位。一个缺乏信任的社会，不会是一个好的社会。对此，历史上的一些著名社会学家，包括滕尼斯、齐美尔、迪尔凯姆等无不把信任视为社会组织之黏合剂、社会凝聚力的基础及社会系统的动力。具体而言，社会信用体系主要具有如下几种基本功能：一是社会组织信用信息的记录功能；二是社会组织诚信水平和程度的揭示功能；三是社会失信行为的预防与惩戒功能。通过这三种功能的发挥，社会信用可以促进人类社会的相互合作、促进市场经济的有效发展、促进人类社会的美好幸福。对此正如一位社会学家所言：没有信任这样的东西，人类社会就根本不会存在。就此而言，信任是社会生活一个必不可少的先决条件。

第二节　发达国家社会信用体系建设的主要经验

社会信用体系的建设是与高度发达的市场经济水平相关联的。欧美发达国家正是依靠成熟的市场经济体系,不断建立并形成了较为完善的社会信用体系,以保障市场体系的有效运转。综观欧美等西方发达国家的社会信用体系建设,主要经验包括以下几个方面:

一、组织实施多元化的社会信用管理体系模式

西方发达国家由于其信用制度形成的历史不同,形成了不同的信用管理体系模式。从发达国家征信体系的建立过程来看,西方国家社会信用管理体系可以分为政府或中央银行为主导、企业为主导和特许经营三种模式,这三种模式各具特色。

(一)以政府或中央银行为主导的模式

通过政府建立公共的征信机构,强制性地要求企业和个人提供征信数据,并立法保证这些数据的真实性。这种模式又分为两种类型:一是以中央银行建立的银行同业信贷登记为主体的社会信用管理体系,征信数据登记的内容包括企业信贷信息登记和个人信贷信息登记。中央银行建立全国数据库的网络系统,征信加工后形成的产品主要供银行内部使用,服务于商业银行防范贷款风险和中央银行金融监管及货币决策。管理机构是非营利性的,直接隶属于中央银行。二是政府直接投资和管理的经营模式。即主要由政府出资组建征信机构并对其实行直接经营管理。其特点在于,能够在公共数据比较分散或缺乏的条件下,由政府协调社会各方面,强制性地让各部门将各种数据公布出来,以便在较短时间内集中各种力量迅速建立起覆盖全国的征信数据库。这种模式以欧洲部分国家为代表,如德国、法国等。

(二)特许经营模式

由政府建立征信数据库,然后由指定的公司进行商业化经营,或者由政府指定的具有从业资格的民间企业建立征信数据库,并进行商业化的经营。其特点是由

政府负责建立征信数据库,但又不直接经营,而是交由民间企业进行商业化的运营,兼具政府和企业自由经营的特点。这种模式以日本为代表,由银行协会建立的会员制企业征信机构与商业性征信机构共同组成信用管理体系,日本银行协会建立了非营利性的银行会员机构"日本企业信息中心",会员银行可以共享信息。

(三)以企业为主导的经营模式

由企业依法经营信用调查和管理业务,政府不直接参与经营,但通过立法对其进行约束。其特点是从业者可以根据市场需要来建设数据库和提供信用信息服务,竞争机制促进了服务范围的扩大和质量的不断提高,非常有利于征信产品和服务的本地化。以企业为主导的经营模式主要是以美国为代表的,完全依靠市场经济的法则和运作机制,由民间投资建立商业性征信机构的模式。实际上,综观发达国家的社会信用体系建设实践可见,由于不同国家在不同的信用体系管理模式下,社会信用体系建设的路径和经验也存在一定的差别,本书重点分析以市场化模式为主的美国社会信用体系建设经验。

二、培育形成较为发达的社会信用市场服务产业

正是市场化的发展思路,造就了美国在社会信用体系建设中形成了大量的各类信用中介机构——信用报告机构(Credit Reporting Agency)或称信用局(Credit Bureau)等快速发展,逐渐发育成一个发达的社会信用服务市场体系,有效整合了信用信息资源,创新提供各种信用产品服务,为信用经济的繁荣发展提供了重要条件。具体而言,这一发达的信用服务市场体系主要表现在三个方面:一是发达的个人信用服务机构或服务业。1860年,在美国纽约布鲁克林成立的第一家民营信用局,促进了美国个人信用市场的蓬勃发展。目前在个人资信服务领域,环联公司(Trans Union)、艾克飞公司(Equifax)和益博睿公司(Experian)三家机构几乎垄断了全美个人资信的所有数据信息,其辖下的信用局每年可提供不少于5亿份的信用分析报告。此外,美国还有1000多家地区信用局,它们或附属于上述三家全国性的信用报告机构,或独立运作。以银行为主的各种金融机构会把客户的信息源源不断和无偿地主动送给信用局,并不断更新保持数据的最新状态。除了银行,用人单位、法院也会把相关个人在就业、诉讼方面的信息提交给信用局。如今,三大

信用局掌握着1.7亿美国消费者的信用档案。二是具有发达的企业征信或资信服务机构。这是对各类大中小企业进行信用调查、信用评级等资信服务的信用中介机构。如邓白氏公司(Dun & Bradstreet Corp.)是美国乃至全球规模最大、历史最悠久和最具影响力的企业资信服务机构和最大的征信公司,它拥有全球范围内的5700万家企业的信用信息或信用档案,它主要为企业之间的交易或企业向银行贷款时对企业做出信用评价,为金融机构和各类商业主体在选择合作伙伴时提供重要的信用支撑。三是拥有发达的信用评级机构,主宰资信评级行业的主要有穆迪投资者服务公司(Moody's Investors Service)、标准普尔公司(Standard and Poor's)、惠誉公司(Fitch)和道衡公司(Duff & Phelps),它们主要对国家、银行、证券经营机构及上市大公司的信用进行评级,帮助投资者分析特定对象的信用风险。特别是穆迪和标准普尔两家公司基于其悠久的历史、雄厚的实力和良好的声誉,在国际市场上也占据了举足轻重的地位。

三、建立健全完备的社会信用法律体系

在市场经济和信用经济发展的进程中,顺应征信企业的发展,政府加强监管,推动社会信用服务业发展的立法工作,为市场和社会组织乃至个人信用活动提供强有力的保障和约束,是西方发达国家社会信用体系建设的重要经验。如美国社会信用的主要法律包括《公平信用报告法》(*Fair Credit Reporting Act*,简称FCRA)、《诚实借贷法》《消费者信用保护法》《公平信用结账法》《平等信用机会法》《公平债务催收作业法》,其中,在整个法律体系中最重要的是《公平信用报告法》和《平等信用机会法》两部法律,尤其是《公平信用报告法》,是规范信用服务的根本法律,其主要规范对象是消费者信用调查机构和消费者信用报告的使用者,它明确规定:消费者有权到信用局查阅其本人的信用档案记录,并有权要求调查和改正任何不正确之处,同时还严格限制他人查阅信用档案,必须有被查阅人的书面同意才能查阅等。2002年国会通过了该法的修正案,新修正案要求征信机构每年免费向个人提供一份信用报告。《平等信用机会法》保障消费者获得平等的信用机会,要求授信机构在对信用申请人进行调查和数据分析的基础上做出合理的授信,不得因性别、种族、婚姻状态、宗教信仰、年龄等因素而做出歧视性的授信决定。

四、构筑政府监管和市场化行业自律相结合的社会信用监管体系

发挥政府和信用民间组织的双重力量，更加注重行业性、市场化的自律管理，是当今美国社会信用体系治理的重要经验和特色。在政府对信用行业的监管方面，主要由美国联邦贸易委员会（FTC）内设的消费者保护局信用实务部负责，依法对征信机构和消费者信用报告使用机构进行监管，主要职能包括消费者信用保护法规的行政执行、推动修订法规、监管信用服务机构、揭露违反公共政策并造成消费者损害的不公平或欺诈行为等。企业信用评级公司由证监会监管。而在信用中介的市场化自律管理方面，不同细分市场内的信用中介都形成了相应的行业自律管理组织，如消费者数据业协会（原名 Consumer Data Industry Association，简称 CDIA，原名叫信用报告协会）、信用管理协会、商账追收协会等。国家信用管理协会（National Association of Credit Management，NACM），是全美最具公信力的专业信用管理自律性组织，其会员一般为代表各类经济主体进行信用和金融管理的机构。同时，NACM 也是世界上历史最悠久的信用管理协会，成立于 1896 年的 NACM 当年仅有 600 个会员，目前已拥有超过 22000 个会员。每年，NACM 除向会员提供信用管理服务（包括商业信用报告、行业信用归类与分析、商账追收管理、债务清偿与调解、防止商业欺诈、担保品评估与管理）、对会员的信用等级进行评价外，其下属的信用研究基金会（Credit Research Foundation，CRF）还承担对会员的教育培训任务，包括制订教育和培训计划、设立培训机构、举办研讨会、完善网上培训课程、设立研究奖学金等。NACM 发行的杂志《商业信用》也是在美国发行量最大、最具影响力的专业杂志。总体而言，这些行业协会的主要功能可以概括为：①通过契约和规定，维护本行业的稳定与公允，防止恶性竞争；②联络本行业的从业者，为其提供交易和交流的机会与场所；③代表本行业与政府部门进行博弈或进行议会的院外活动，为本行业从业者争取利益；④为从业者提供各种服务，包括提供有关信用管理的专业教育，举办从业执照的培训和考试，组织会员大会和各种学术交流会议，发行出版物，募集资金支持信用管理的课题研究等；⑤制定统一标准，如 CDIA 设计了一种标准的信用报告格式，供各信用局采用。

五、实行严厉而相对公平的失信惩戒措施

失信行为的惩戒机制是社会信用体系的重要组成部分,也是提高失信成本、有效防治社会失信的重要手段。各国做法不尽相同。以美国为例,主要的惩戒方式包括:一是对失信者的负面记录进行一定期限的保存,并将交易双方失信者或经济生活中发生的失信行为,扩大为失信方与全社会的矛盾,进行实质性的打击,通过各类信用中介公司生产的信用产品大量销售,使得缺乏信用记录或信用记录历史很差的企业很难在业界生存和发展,信用记录差的个人在信用消费、求职等诸多方面受到很大制约,从而对失信者产生强大约束力和威慑力。二是对失信者进行经济处罚和劳动处罚,如美国消费产品安全委员会负责除食品、药品、化妆品、医疗器械、烟草、枪械、弹药、机动车、农药、飞机、轮船以外全部消费品的质量安全,该委员会对质量问题的处理手段主要是召回,同时通过各种渠道广泛发布信息,对于不接受召回或故意隐瞒及有意制造不合格产品的企业,则给予严厉的行政罚款乃至追究刑事责任。

第三节　我国社会信用体系建设取得的主要进展

党的十八大和十八届三中、四中、五中全会均对加快推进社会信用体系建设提出明确要求。国家发展改革委、人民银行牵头社会信用体系建设部际联席会议,各成员单位会同各地区、各部门凝心聚力,扎实推进社会信用体系建设,取得积极进展和阶段性成果。“十二五”期间,各地方、各部门认真贯彻党中央国务院部署,着力夯实社会信用体系建设“三大基础”,显著提升基础制度、基础设施和基础能力,为今后一段时期加快推进社会信用体系建设奠定了基础。

一、基础设施形成体系

一是建立了全国信用信息共享平台,作为信用信息共享的“总枢纽”。2015 年 10 月,国家平台先导工程已上线运行,接入了各省区市和 37 个部门,归集信用信息 2 亿多条。二是开通了“信用中国”网站,作为信用信息公开的“总窗口”归集整合各地区、各部门可公开信用信息 1400 多万条,大力推进行政许可、行政处罚信息 7

个工作日内上网公开，为社会公众提供“一站式”查询服务。三是建立健全各部门、各领域信用信息系统。人民银行的金融信用信息基础数据库、工商部门的企业信用信息系统、证监会的资本市场诚信数据库等，作为社会信用体系基础设施的组成部分，发挥了积极作用。

二、制度机制加快完善

一是出台并实施首部国家级信用建设专项规划。2014 年，国务院印发《社会信用体系建设规划纲要（2014—2020 年）》，提出政务诚信、商务诚信、社会诚信、司法公信四大领域诚信建设，明确了 34 项具体任务。二是制定实施了统一社会信用代码制度。报请国务院明确，以居民身份证号码作为自然人统一社会信用代码。报请国务院转发《法人和其他组织统一社会信用代码制度建设总体方案》。公安部积极推动《公民社会信用代码管理办法》立法工作，会同有关单位研究修订《公民身份号码》国家标准。三是进一步明确了信用信息公开制度。印发实施《关于运用大数据加强对市场主体服务和监管的若干意见》，推动各级政府部门将行政许可、行政处罚等信用信息在 7 个工作日内上网公开。四是各部门出台一批信用建设的指导性文件。交通、环保、教育、食药监、保监、外汇、邮政等部门制定实施了信用建设规划、意见或实施方案。五是各领域建立信用分级分类监管制度。工商部门建立了企业异常经营名录和严重违法企业名单制度，交通、环保、商务、海关、税务、质检、食药监、安监、旅游等部门均建立了信用分类监管制度或严重失信黑名单制度。六是建立健全信用激励和惩戒机制。在 2015 年发改委等 38 部门联合签署《失信企业协同监管和联合惩戒合作备忘录》的基础上，2016 年 4 月中央全面深化改革领导小组第二十三次会议审议通过《关于建立完善守信联合激励和失信联合惩戒制度加快推进社会诚信建设的指导意见》，旨在建立跨地区、跨部门、跨领域的联合激励与惩戒机制，形成褒扬诚信、惩戒失信的制度机制和社会风尚。

三、工作体系不断健全

一是扩充了部际联席会议范围。增加了成员单位，目前成员单位达到 40 个，基本涵盖经济社会发展主要领域。二是健全了工作队伍。国家发展改革委、人民银行、商务部、税务总局、工商总局、质检总局、证监会成立了负责信用建设的专门机构。一半左右的省区市也成立了专门机构。三是组织了一批示范创建城市。11个城市已启动社会信用体系建设示范城市创建工作,还有一批正在积极申报。

四、经济社会效果明显

一是在服务经济发展上有新作为。税务部门与金融机构建立“银税合作”机制,全国金融机构运用纳税信用信息发放贷款1300多亿元,其中为5.1万户小微企业发放贷款580亿元,为稳增长发挥了重要作用。二是在创新社会治理上有新成绩。最高法院、银监会推动与4000多家银行机构联网,可直接查询、冻结被执行人的银行账户或划扣资金。全国法院累计公布失信被执行人266万,限制购买机票、火车票343万人次,约20%的失信被执行人主动履行义务。欠税人被阻止出境边控443人次。全国法院累计公布裁判文书1170万份。全国检察院累计发布案件信息和程序信息270万条。行贿犯罪档案查询283万次。三是在支撑深化改革上有新举措。通过实施统一社会信用代码,“多头赋码”改为“源头赋码”,实现“三证合一”“一照一码”,大大减轻了社会负担,提高了行政效率。

第四节　我国社会信用体系建设面临的问题

一、主要问题

在经济全球化、市场化、网络化、城市化进程中,我国社会信用体系建设主要存在以下几个问题:

(一)社会诚信意识和信用水平偏低,履约践诺、诚实守信的社会氛围尚未形成

当今社会,由于过多强调物质享受、经济利益,人们不再注重精神的培养,诚实守信的传统美德被逐渐遗忘。在一个关于诚信的网络调查中,有超过88%的受访者表示“曾因别人不诚信吃过亏”,75%的受访者承认“自己有过不诚信行为并感到愧疚”。中国电子商务协会发布的首份电子商务诚信报告称,接近25%的企业和26%以上的个人最担心电子商务领域中的“不诚信”。这个调查表明,不诚信的受害者,也常常是不诚信的参与者甚至制造者。根据我们关于民众对“社会风气和市

民素质”的信心度调查表明，21%的人对此保持怀疑和担忧。

（二）商业欺诈、制假售假、偷逃骗税、虚报冒领、学术不端等现象屡禁不止，社会信用资本损失较大

根据我们关于公众对“商人”的信任度调查表明，32%的民众“不太信任”，49%认为“说不清楚”。一项关于新能源汽车消费的调查结果表明，经销商和消费者最反感的不诚信行为是“口头承诺不兑现”，占到23%。根据《2011年中国质量信用白皮书》显示，我国每年因失信造成的经济损失高达5855亿元，相当于财政收入的37%，GDP因此少增长2个百分点。

（三）信用服务市场不发达，服务体系不成熟，服务行为不规范，服务机构公信力不足，信用信息主体权益保护机制缺失

根据我们关于民众对“私人信息安全感”的调查表明，只有9.2%认为“非常安全”，46.2%认为“非常不安全、不太安全、说不清”。

二、主要原因

（一）中华传统文化及诚信教育的缺失

改革开放后，由于过分强调“以经济建设为中心”，忽视了中华优秀传统文化的传承教育，思想道德建设滞后，社会基本规则、基本规矩统统失范，使得民众心中失去了诚信之根，靠失信换取利益成为常态。西方发达国家建设市场经济诚信系统用了大概100年的时间，主要体现在诚信教育上。因此，对“孝悌忠信、礼义廉耻”等中华传统文化教育的缺失，是当今社会不诚信的根源所在。

（二）有关社会征信的法律法规不够健全、不够配套

强调征信立法和制度建设，是西方发达国家的主要经验，如美国与征信有关的法律达到17部之多，以不同方式规范征信活动。而我国目前只有一部《征信业管理条例》，对开展征信业务活动做出了原则性规定，但对多部门社会信用信息的整合共享、社会失信惩戒机制等方面缺乏实施细则，配套性不够，影响了社会诚信体系的建立。

（三）覆盖全社会的征信系统尚未形成，社会成员信用记录严重缺失，守信激励和失信惩戒机制尚不健全，守信激励不足，失信成本偏低

在西方国家，大到集团公司，小到每个公民，都会对其信用信息予以记录，且对信息采集做了全面规定，保证信息采集的客观真实。在我国，尽管银行、工商、税务等部门开始建立信用体系，但存在信息不全、记录失真、体系之间分割等问题。再加上对失信者缺乏多部门联动惩戒机制，大大降低了失信成本，造成了“老实人反而吃亏”的悖论。

（四）农业社会形态和计划经济政策的残留，给诚信建设带来了根本性制约

自古以来，中国是农业大国，小农思想占据大部分人的头脑，农村中自给自足的经济形态和固定的居住环境中，人们的交往圈子很小，依靠伦理道德，足以做到诚实守信。但随着市场化、城镇化发展，“熟人”圈子逐渐消失，人际关系走向防范、孤独、冷漠，人与人之间逐渐不再信任了。另外，以往由于在计划经济体制下，各种经济资源由政府直接配置，信用只是一种微不足道的辅助手段。随着市场经济的发展，信用基础建设滞后，导致信用关系混乱、各种失信行为广泛发生。

第五节　加强社会信用体系建设的对策建议

一、基本思路

（一）法治与德治并重

在注重制度建设、法律建设、加强失信行为惩戒力度的同时，更加强调德治的力量，强化传统文化教育，让诚信、友善扎根于所有民众内心之中。

（二）政府—市场—社会三位一体

以政府诚信为先导，商务诚信为重点，民众诚信为基础，司法公信为保障，构筑立体式、全方位的社会诚信体系。

（三）从特殊群体的诚信建设入手

从公务员、企业家、教师、医生、大学生、中小学生等重点群体入手，逐渐建立覆

盖全民的社会诚信体系。

二、基本对策

(一)开展中华民族优秀传统文化的全民学习教育,让人性回归真、善、美,构筑社会诚信的文化根基

一要,在全国中小学设立国学课程。重点开展《弟子规》《道德经》《论语》等优秀传统文化的传承学习,让"孝悌忠信、礼义廉耻"在孩子们心中生根、发芽。

二要,全国城乡社区设立"道德讲堂"。由乡、镇(街道)基层政府组织,聘请国学专家学者、年度感动人物、劳动模范等,对普通百姓进行传统文化再教育。

三要,建立国家公务员定期学习制度。从中央到各级地方政府,每月一次(半天),围绕治国理政,开展社会主义核心价值观和中华传统文化的专题学习,引导全国公务员真正树立"为人民服务"的宗旨和意识。

四要,全国所有电视台、广播、网络、报纸等各类新旧大众媒体,必须设置或开辟关于社会主义核心价值观和中华民族优秀传统文化的节目档期或栏目,进行持续性、系统性的报道、传播,教化人民大众。

(二)建立健全诚信建设的配套法律体系,为社会诚信体系建设提供强有力的法律支撑

越是发达的市场经济,也就越讲诚信,越讲法治。市场、诚信、法治形成现代社会不可分割的制度整体。建议国家在严格执行《征信业管理条例》的基础上,加快制定诸如《统一消费者信用准则》《统一商业准则》《社会信用控制法》《数据资料保护法》《个人信息保护法》《公平竞争法》等配套性法规,对征信数据环境、失信惩罚机制、公平授信的权利和保护个人隐私权等一系列重要问题做出规定,将信用产品加工、生产、销售、使用的全过程均纳入法律范畴,建立起比较完备的涉及信用管理各方面的法律体系,为国家信用管理体系的有效运转提供良好的法律环境。

(三)构建覆盖全社会的征信系统,打造全国统一、公开的信用信息服务平台和有效载体

一要,针对企事业单位和社会组织,加快建立以组织机构代码为基础的社会组

织统一信用代码制度，全面采集和完整记录各类信用信息，形成覆盖全部企事业单位和社会组织的征信系统、信用服务系统、信用查询系统和信用监管系统。

二要，在进一步完善金融、保险、海关、税务、交通、公检法、工商、质检、社会保障、环保、统计、社会事业服务等不同部门征信数据库建设的基础上，打造全国统一的信用信息网络平台，实现各单位信用数据的互联、互通、共享。这一工作，可以在某些省市先行试点。

三要，针对公民个人，加快建立以公民身份证号码为基础的公民统一社会信用代码制度，将公民户籍资料、个人信用、税收信息等关键信息全面整合到统一的个人身份代码之下，完善个人在经济社会活动中的信用记录，推动建立违法犯罪记录与信用、相关职业准入等挂钩制度。

（四）支持社会信用中介服务机构发展，建立社会信用评级和披露制度

一要，按照特许经营的方式，设立信用法律执行机构，统一管理和规范信用评级市场和信用信息披露、使用行为。鼓励信用中介机构间的正当竞争，并通过建立比较明确的市场进入、退出机制的办法予以规范。

二要，建立健全企业信用评级制度，培育符合市场机制的商业性专业信用评级机构和专门人才，通过明确评级单位的责任与权益来约束评级机构的行为，保证信用评级的客观、公正和准确。

三要，建立有效的信用信息披露制度，形成反映企业和个人信用状况的基础数据，并在各单位之间互联互通的基础上，向社会开放数据资源，实现信用信息查询、交流和共享。

（五）切实建立严厉的、多部门联动的失信惩戒机制，提高失信成本，遏制商业欺诈和社会失信行为

一要，在法治的基础上，配套设立"国家信用发展基金"，在全国范围内开展年度"中国诚信100人"评选活动，并给予一定金额的奖励，向社会宣传其模范事迹。要求各省市也普遍建立诚信发展基金、开展年度诚信人物评选活动，让"诚信人物或中国好人"得到"好报"，获得社会认可和尊敬。

二要，在多部门信用信息互联、共享的基础上，建立失信企业黑名单制度和失信被执行人名单制度，通过最高人民法院，向社会公布失信被执行人名单，对失信

者实施多部门联动的惩戒机制。对失信被执行人在贷款办理、信用卡申办、乘坐飞机、酒店入住、购买不动产、旅游度假、子女就读高收费私立学校等方面予以限制，使失信者在一定期限内付出惨痛的代价，让其寸步难行；对失信被执行人为单位的，在政府采购、招标投标、项目审批等方面予以限制。

（六）以司法诚信为抓手，着力推动政务诚信建设，发挥社会示范与引导作用

一要，全面推行“阳光执法”，依法及时公开执法办案的制度规范、程序时限等信息，大力推进司法行政信息公开、公平，进一步规范和创新律师、公证、基层法律服务、法律援助、司法考试、司法鉴定等信息管理和披露手段，保障人民群众的知情权。

二要，各级公安、司法行政等工作人员，将逐步建立其个人信用档案，依法依规将徇私枉法以及不作为等不良记录纳入档案，并作为考核评价和奖惩的依据。

三要，建立政府信用责任制度和行政失信行为追究制度，同时建立政务诚信约束和问责机制，把政务履约和守诺服务纳入政府绩效评价体系。

四要，建立完善政府公务员信用管理制度，为每个公务员建立诚信档案，依法依规将公务员个人有关事项报告、廉政记录、年度考核结果、相关违法违纪违约行为等信用信息纳入档案，并将其作为干部考核、任用和奖惩的重要依据。

第九章　互联网大数据时代的社会治理策略

移动互联网、云计算和大数据的快速发展是当下社会最显著的特征。根据中国互联网络信息中心(CNNIC)第38次报告显示,截至2016年6月,我国网民规模达7.10亿,互联网普及率为51.7%,其中手机网民占92.5%。而据国家信息中心发布的《全球信息社会发展报告2016》显示,全球信息社会指数为0.5601,同比增长2.1%,我国信息社会指数为0.4523,同比增长4.1%。此外,麦肯锡全球研究院的报告指出,全球每年预计新增数据40%;而据国际数据公司(IDC)的一项报告表明,2020年全球数据总量将达44ZB(1ZB=1万亿GB)。互联网络的普及和大数据时代的到来改变了政治、经济、文化和社会的方方面面,也为当代社会治理创新提供了新的机遇和挑战。一般来说,"互联网+"的社会治理可以分为两部分:一是对"互联网"的治理,即对互联网本身的治理;二是基于"互联网"的治理,即利用互联网工具实现的治理。而无论是对"互联网"的治理还是基于"互联网"的治理都和大数据密切相关,大数据是互联网发展的核心竞争力。本章主要讨论的是基于大数据的社会治理。

第一节　大数据的定义与特征

大数据浪潮正在席卷全球,带来了数据与信息处理方式的根本性变革。"大数据"最早出现于1998年,与计算机科学相关;2000年,它开始出现在计量经济学领域;随后,大数据经历了一系列发展,社会科学领域也开始引入"大数据"。

一、大数据的概念界定

大数据一词最早是由维克多·迈尔-舍恩伯格、肯尼斯·库克耶在《大数据时代:生活、工作与思维的大变革》一书中提出的一个全新概念,一般是指数据量在10TB~1PB(1TB=1024GB,1PB=1024TB)以上,数量级处于"太字节"的超级巨大规模,并且是高速、实时的数据流。实际上,对大数据的定义,相关研究机构有着不同的界定。麦肯锡全球研究院(2011)认为,大数据是规模超出常规数据软件工具捕获、存储、管理和分析能力的数据集;梁丽(2016)认为,大数据不仅包括海量数据状态,还包括数据处理技术、新的思维方式、新理念、新方法等。总的来说,以上学者都是基于互联网和计算机科学视角对大数据进行阐述。此外,还有学者综合互联网、计算机以及社会科学视角,从概念内涵和外延对大数据进行界定。于施洋、王建冬、童楠楠(2016)指出,一方面大数据是指海量数据,泛指大规模或超大规模的数据资源集合;另一方面,它还是一种新型的研究方法或发现新知识的分析技术、由数据驱动的新型决策机制以及数字时代下的新型治理模式。

二、大数据的特征

对于大数据的特征,业界、学界有 3V、4V、4V+1C、Vs 等说法。

2001 年,道格拉斯·莱尼提出了大数据的 3V 特征:Volume、Velocity、Variety,详见表 9-1。

表 9-1　大数据的 3V 特征

3V	特性	补充说明
Volume	海量化数据规模	
Velocity	高速化数据处理	
Variety	多样化数据类型	包括结构化数据、半结构化数据(HTML 文档)和非结构化数据(视频、音频、图片、位置信息等)

IBM 和国际数据公司(IDC)在莱尼的 3V 之外,分别增加了 Veracity 和 Value,形成大数据 4V 特征的两种说法,详见表 9-2、表 9-3。

表 9.2　大数据的 4V 特征一

4V	特性	补充说明
Volume	海量化数据规模	

续 表

4V	特性	补充说明
Velocity	高速化数据处理	
Variety	多样化数据类型	包括结构化数据、半结构化数据(HTML 文档)和非结构化数据(视频、音频、图片、位置信息等)
Veracity	真实性	

表 9.3　大数据的 4V 特征二

4V	特性	补充说明
Volume	海量化数据规模	
Velocity	高速化数据处理	
Variety	多样化数据类型	包括结构化数据、半结构化数据(HTML 文档)和非结构化数据(视频、音频、图片、位置信息等)
Value	低密度数据价值	数据具有高价值,但这些数据更多地表现出稀缺性、不确定性和多样性

而王倩、朱宏峰等(2013)则在 IDC 的 4V 之上,增加了 Complexity,构成 4V+1C 的特点,详见表 9-4。

表 9-4　大数据的 4V+1C 特征

4V+1C	特性	补充说明
Volume	海量化数据规模	
Velocity	高速化数据处理	
Variety	多样化数据类型	包括结构化数据、半结构化数据(HTML 文档)和非结构化数据(视频、音频、图片、位置信息等)

续　表

4V+1C	特性	补充说明
Value	低密度数据价值	数据具有高价值,但这些数据更多地表现出稀缺性、不确定性和多样性
complexity	复杂化数据处理	数据处理的复杂性增大

2014年,IBM发布 *Realizing the Promise of Big Data:Implementing Big Data Projects*(《践行大数据承诺:大数据项目的实施应用》),将之前提出的4V扩展为"Vs",增添Viscosity、Variability、Volatility,详见表9-5。

表9-5　麦肯锡关于大数据的Vs特征总结

V_S	特性	补充说明
Volume	海量化数据规模	
Velocity	高速化数据处理	
Variety	多样化数据类型	包括结构化数据、半结构化数据(HTML文档)和非结构化数据(视频、音频、图片、位置信息等)
Veracity	真实性	
Viscosity	数据黏度	衡量数据流间的关联性
Variability	数据易变性	衡量数据流的变化率
Volatility	数据有效性	表明数据有效性的期限和存储的期限时长

除了以上主要说法以外,也有学者认为大数据还具有Visualization(可视化)等特征。在这些说法中,最常见且被学界接受最广的是IDC的4V特点,即volume、velocity、variety和value。其中volume是大数据的整体特点,velocity是大数据的过程性特点,variety是大数据的具象性特点,value是大数据的时代性特点。而随着大数据的不断发展与成熟,我们相信大数据的特性也会继续变化和拓展。

第二节　大数据时代的社会治理

一、大数据与社会治理

随着大数据的普遍盛行与深入发展,许多国家对“大数据”的建设和发展上升到国家层面。2006 年 3 月英国启动“数据权”运动。2009 年,美国联邦政府发布《开放政府指令》(*Open Government Directive*),作为大数据前奏推出了“Data. gov”公共数据开放网站。2012 年 3 月,联邦政府发布《大数据研究和发展倡议》(*Big Data Research and Development Initiative*),正式启动“大数据发展计划”,宣布将投入超过 2 亿美元在大数据研究上;同年 5 月,联邦政府发布“数字政府战略”(Digital Government Strategy),致力于为公众提供更好的“数字化”服务,围绕数据进行的一系列措施在美国政府全面推进,大数据对美国政府的影响逐步显现。2012 年 5 月,英国政府宣布建立世界首个开放数据研究所,旨在从开放数据中寻找产品创新、创业机遇和经济增长点。2012 年 5 月,联合国推出“全球脉动”计划。2013 年 11 月,党的十八届三中全会公报提出“推进国家治理体系和治理能力现代化”。2015 年 8 月,国务院印发《促进大数据发展行动纲要》,将数据定性为国家基础性战略资源。

(一)社会治理主体发生改变

社会治理的主体从单一转向多元。传统的社会治理中,政府是最权威、最主要的治理主体;而在大数据时代,信息自由地流动和共享,使得单一治理主体的权威性受到质疑,政府职能由此发生转变,开始形成以政府为主导,企业、社会组织与公众等各方面协同治理的新局面。

(二)社会治理理念发生改变

大数据改变了人们的思维方式、认知方式和思想观念。在此时代背景下,社会治理的理念也随之发生变化,最大的转变便是相关关系优于因果关系,让“数据自己发声”。此外,开放的意识、包容的心态、科学的态度、深入的分析等均是大数据时代社会治理理念的代表性特征。

（三）社会治理模式发生改变

社会治理模式的改变主要表现在以下四个方面：

一是科学决策能力提高。耶鲁大学教授丹尼尔·埃斯蒂曾说过，“基于数据驱动的决策方法，政府将更加有效率、更加开放、更加负责，引导政府前进的将是‘基于实证的事实，而不是意识形态’，也不是利益集团在政府决策过程中施加的影响”。传统的社会治理仅仅依靠直觉和经验做出社会决策；而大数据时代，绝大部分的决策行为都基于数据分析做出。大数据给科学决策提供了机遇，海量的信息资源、事件的关联性、坚实的社会基础等为决策的公平性、预见性和响应性奠定了基础，增强了决策的民主化和科学化水平。如清华大学的City Care项目，通过移动端收集市民对社区的意见、建议，进一步推动社区管理部门改善政策决策；再如北京城管局搭建的交通服务系统，整合了市民车载GPS和车载视频、无线数字集群城市、工地噪声感知、道路视频监控探头、执法城管交通信息系统等互联网信息感知资源，从而智能汇聚城市交通信息大数据，为交管决策和任务执行提供分析和参考。

二是公共服务能力提高。大数据特性助推社会治理主体从“管理型”向“服务型”转变，相应地，社会的公共服务水平得到了各方面的提升。一方面，大数据使社会服务从封闭低效型转向协同高效型，数据的开放与共享是实现基础；另一方面，大数据使公共服务更加精细化、个性化、人性化。如医疗卫生行业，相关部门可以多渠道获取个人健康信息，关联医疗数据与行为数据，形成综合健康状况评估模式，提供精细化医疗服务。又如上海公共信用信息服务平台，利用整合思维，跨部门、跨领域、跨主体结合，对全市50家行政机关、1家司法机关、7家公用事业单位和9家社会组织的数据资源进行整合，形成了全国覆盖信息主体最多、提供数据单位最多的公共征信系统，涉及信息事项1248项。政府可以利用该平台解决公共治理难题，比如说一家食品企业使用地沟油被查处，这一信息可通过公共信用信息服务平台，构成企业诚信记录的一部分，掌握一定量的信息后，网络还可以据此对企业诚信进行评级。此外，公共服务的质量也因为大数据得到了有效保障，公民追踪公共服务过程，确保质量，社会治理主体通过大数据分析改善服务、提高公众满意度。

三是社会监管能力提高。社会监管能力的进步得益于信息资源的丰富性以及易获取性。一方面，社会治理主体通过人口数据对基层社会进行有效管理、动态监控，如北京市东城区开展的精细化网格管理模式，把社区分割成若干个网格状单元，然后借助网络搜集社情民意、矛盾纠纷、安全隐患等信息，实现信息资源的共享和社会管理的现代化。另一方面，公民通过参政议政对社会治理主体的权利进行监督，有效防止贪污腐败的发生。

四是风险防治能力提高。风险和危机成为时下社会不容忽视的存在，大数据技术为风险防治和危机应对提供了丰富的治理资源。一方面，大数据可以监测生态环境，分析历史资料及数据，从而有效防范并降低疾病传播、地震、海啸等传统环境灾害风险；另一方面，大数据可以探出社会事件的萌芽状态，从而采取有效措施应对或化解网络群体性事件、恐怖袭击等非传统风险。

二、大数据时代我国社会治理的主要挑战

大数据时代的到来，为国家治理能力建设带来了契机，但同时也增添了隐患，主要表现在以下几个方面：

（一）社会治理复杂化

庞杂的数据供给增加了社会治理的复杂程度。一方面，半结构、非结构化数据阻碍了治理效率。大数据时代，各种数据类型不断涌现，为社会治理提供根基，但这些数据中80%以上属于非结构化。结构化数据是按特定格式进行整理的，便于社会治理主体储存管理；而非结构化数据的形式多样，包括视频文件、多媒体数据等，导致数据格式存在兼容问题，给数据整合、管理、分析带来障碍，令其无法被有效管理和应用。另一方面，低密度的数据价值也增加了社会治理过程中对各类数据进行分析、研判的难度。虽然大数据规模庞大、种类繁多，但其间有许多无效甚至虚假的信息，社会治理主体在数据分析和甄别过程中面临不确定性风险。

（二）大数据意识不足

我国数据资源丰富，统计显示，截至2016年6月，我国网民规模达7.10亿，互联网普及率为51.7%，其中手机网民占92.5%，远远高于全球平均水平。然而由于长期缺乏数据文化，收集数据、分析数据和使用数据的意识淡薄，2006年卫生部制

定了第一套最小标准数据集,比美国晚了33年;2006年国家统计局正式成立了社情民意调查中心,比美国晚了66年;2010年起物联网的技术开始在铁道部、交通部得到应用,比美国晚了48年。目前,我国数据总量依然远远落后于发达国家,这说明“中国缺乏的不是可供收集的数据,也不是收集数据的手段,而是收集数据的意识”。以上是基于国家、社会层面的分析,而从个人层面上来说,公众对大数据的认识、管理和应用仍不够深刻,某些城市已经开放了部分数据,但乏人问津,企业和社会亟待了解大数据的重要意义和价值。

(三)缺乏大数据技术和人才

数据获取、数据挖掘、数据预测、数据整合、数据存储、数据监督以及数据平台建设等对大数据技术和大数据人才提出了更高的要求。然而,现有我国大数据处理技术的提升远不及大数据的发展速度,具体来说,我国大数据技术存在以下三方面不足:一是缺乏大数据分析能力;二是缺乏根据大数据形成的社会治理需求转化有效社会治理、社会服务的能力;三是缺乏通过大数据分析预测和判断未来中国及各地区社会治理特征和趋势的能力。值得注意的是,这些能力又和相关人才的培养与支撑紧密关联。目前,我国从事数据分析工作的以网络信息人才为主,虽熟谙软硬件管理和信息编程,却不精于对大数据的挖掘和整理。专业化和高效化的数据处理技术、高水平与高素养的数据处理人才是大数据时代社会治理转型不可或缺的存在。

(四)信息安全问题

信息安全包括国家安全和个人隐私安全。2013年,美国的“棱镜门”事件将信息安全问题暴露在全世界面前,引起了广泛关注。大数据使国家治理机构更容易遭受网络黑客的恶意攻击,从而危害国家安全。西方国家持续通过恶意代码、垃圾信息和网络攻击等途径危害我国的信息安全。而个人隐私安全也面临更大的挑战。互联网和智能终端的快速发展使个人行为被高度数字化,同时云盘等资源共享平台的普及使敏感数据的所有权和使用权不能明确界定,这些均增加了个人隐私泄露的风险。

(五)信息孤岛问题

信息孤岛是指信息系统之间功能不关联互助、信息不共享以及信息与业务、应用相脱节的计算机应用系统。造成信息孤岛的原因有三：一是我国政府实行垂直化管理，各部门之间条块分割，且上下级关系明确，这种体制壁垒阻碍了数据传递效率；二是各部门和单位的信息系统和数据资源在构建和运付过程中缺乏统一的规划和标准；三是一些地方政府机构尚缺乏数据共享理念，缺乏足够的数据更新和共享动力。为了提升电子政务发展水平，我国实施了“十二金”工程，但信息孤岛仍是我国政府部门信息化系统间的一种普遍现象，国际上公认的衡量各国信息化水平的全球电子政务指数（EGDI）充分说明了这一点，2016年的联合国电子政务调查报告显示，中国的EDGI指数为0.6071，位列第63位，远低于欧洲国家的平均水平（0.7241）。大数据在社会治理中的整合、分析与应用将受信息孤岛的严重影响。

（六）信息异化问题

信息异化是指作为信息创造者、生产者的主体，对信息过分依赖、盲目崇信，逐步丧失对信息的掌控能力反被信息所支配、奴役。有些学者提到的“数据崇拜”论述的也是类似问题。大数据的核心是预测，每逢节假日，越来越多人喜欢先在网络上查询各种出行信息，通过这些数据信息预测热门线路和热门城市，如2014年百度推出的“百度迁徙”，首次采用可视化方式展现中国春节前后人口大迁徙的轨迹与特征。然而，随着网络的智能化，人们曾引以为豪的头脑显得越来越笨拙和力不从心。在信息洪流中，人们很可能会丧失自己的意志、个性和理想，尤其是自主性、反思和批判的能力，而任由“专家”或“数据决断”等代为做出抉择。这种决策方式可能使人们逐渐迷失在数据海洋中，从而增加社会治理风险。

（七）数字鸿沟问题

数字鸿沟，又称信息鸿沟、信息分化，是指在信息社会中，不同国家、地区、行业的人群对社会信息资源占有和使用程度的不同而造成的“信息落差”和“知识分隔”，最早由美国前副总统阿尔·戈尔在1996年提出。唐皇凤、陶建武提到，数字鸿沟造成的差别是继城乡差别、工农差别和脑体差别之后的“第四大差别”。

根据“中国数字鸿沟研究”课题组的研究，我国的数字鸿沟主要体现在城乡之间和地区之间，2012年城乡数字鸿沟指数为0.44（即表明农村信息技术应用水平比城市落后44%），地区数字鸿沟指数为0.32（即表明最落后地区的信息技术应用水平比比全国平均水平落后32%）。由此可见，我国现有的数字鸿沟现象不容乐观。而在大数据背景下，信息"富有者"与信息"贫乏者"之间的数字鸿沟可能会逐步加剧。首先，用户数据信息普遍被拥有数据掌控权的网络服务商视为核心机密或核心竞争力，因此要实现数据资源的开放共享和普遍可及并非易事；其次，大数据挖掘涵盖数据的获取、存储、挖掘、呈现、分配和安全等众多领域和环节，每个环节都需要强大的技术支撑，这对普通民众尤其是大多数学历较低的人来说十分困难。

（八）数据开放程度问题

大数据时代，数据开放程度是社会治理主体需要解决的首要难题。作为国家的核心资产，政府数据对社会政治、经济和安全都有决定性作用，仅 CPI 数据就可以对建筑、金融等多个行业带来较大影响。而用户数据信息又是网络服务商或者电商的核心竞争力，可以对个人的喜好、习惯做出推断，并进行精准广告投放。目前，我国的数据开放程度远远不够。未来，我们应该尽可能多开放公共数据库，实现资源共享。但在开放数据的同时，又应权衡个人隐私保护、数据开放时间和开放程度、满足社会数据开放需要和保护国家安全等多方面情况，找到满足各方数据需求的均衡点。

（九）数据能耗及智能时代可能的失业问题

信息产业向来被认为是绿色环保产业，然而，《纽约时报》一项历时一年多的调研发现，信息产业的污染和耗能十分惊人，数据中心浪费的电力可以占到总能耗的 90%以上。因此，发展大数据产业时，应提前考虑能耗问题，引导社会各界关注大数据环境议题，顺应节能减排的时代需求。

此外，大数据推动智能化发展，智能机器人、3D 打印机等智能化设备开始登场并逐渐占据重要地位，大量一线产业工人可能面临失业问题。

第三节　国外大数据社会治理模式

一、利用大数据进行科学决策

科学决策即将原始数据加工成能解释、预测社会现象的精练数据，用于帮助决策者掌握更全面的信息或更有利的证据，从而增强决策的科学性。

通常情况下，科学决策可以通过两种途径实现：

（一）关联

关联即广泛收集可能与待解释现象相关的大量数据，筛选出关联程度最高的一组数据或计算成一个指标，用以辅助决策。

案例：①为了判断哪些建筑物最容易发生火灾，纽约消防局筛选了消防、建筑、治安、经济、城市建设等多个部门的数据，从中找到60余个与火灾发生关联最大的数据，并以此为依据计算了建筑火灾危险指数。使用该指数，消防局派遣视察人员对高危区域进行日常排查，有效降低了火灾危害。②美国警务人员将多年犯罪数据和交通事故数据整合到一起后发现，交通事故的高发地带正是犯罪活动的高发地带，甚至两者的高发时间段也高度吻合。这一发现使原本分管交通和打击犯罪的两个不同部门建立起了联系并开展联合治理，效果十分显著。

（二）预测

预测即根据现有数据预测未来可能发生的事件，并提前做好预案。案例：①纽约将全市33万余栋建筑物分为2400类并分别预测了火灾发生情况和拟订针对性救火方案，有效提高了救火效率、降低火灾损失等。②波士顿教育部门通过成绩、投诉、奖学金和学生活动等数据来预测学生辍学的可能性并提前干预。

二、利用数据开放来提升公共服务能力

开放数据既可以给市民直接提供服务，也可以为其他政府部门、科研机构以及公益组织提供进一步整合和利用数据的机会，从而给社会治理提供间接帮助。

案例：①利用开放数据可以建设现代化智能交通管理系统（Intelligent Traffic

Systems,ITS),其领域涵盖公共交通运营系统、出行需求管理系统、商用车辆运营系统、车辆控制安全系统和电子收费系统等。通过这一应用,美国的交通拥堵率降低20%,车祸发生率降低50%~80%,延误损失减少10%~25%,油料消耗减少30%,尾气排放减少26%。通过ITS系统,在日本,市民可以很方便地获取公共交通的实时信息,主要路口的信号灯也可以根据交通路况迅速进行监控和调整,以便最大限度减少交通延误。在新加坡,在ITS系统的应用下,全岛路面几乎看不到交通警察,但却道路通畅、反应迅速,车辆的平均行驶速度甚至高于香港、纽约和伦敦。

②近年来,"大数据"条件下的"云治理"成为美国环保局和州环保处的新手段。美国环保局耗资最大的项目之一就是建立有毒废气排放数据库。每年经营单位都提供各工厂的有毒废气排放数据,美国环保局核实这些数据并将结果在网上公布。这样公众就知道了当地是谁在污染环境,并可以和其他地方的同类设施做比较,从而更好地监督污染企业。同时,环保部门也可以利用这些信息来要求经营单位采取措施以减少排放量,甚至在经营单位符合环保局标准的情况下也可以这样做。通过向当地公众提供信息,政府实现了自下而上解决问题的方案。

三、利用大数据实现沟通从而改善外部环境

利用数据的客观性,以对公开大数据的呈现为依托,引导广大市民从整体和长期的角度进行例行思考和辩论,有利于获得更广泛的关注和支持,改善政府治理的外部环境。

案例:①费城使用一种名为Textizen的应用向市民的手机发送短信,通知目前正在制定政策法规并投递调查问卷,调查结果被作为实证的依据以可视化方式在网站公布,以求凝聚社会共识。

②纽约市使用一种LBS应用让市民在地图上提出意见,以确定公共自行车租赁站的设置地点,获得广泛支持。

③佛蒙特州根据位置信息向市民推送粮食捐献政策和捐献点位置,说服市民捐献保质期内可能吃不完的食物。

四、利用大数据发挥群体智慧,弥补政府资源不足

群体智慧可以从数据、技术和人力资源等多方面弥补政府不足,对大数据社会

治理起极大支持作用。

案例：①2010 年，美国纽约市遭遇了一场暴风雪袭击，整个城市被白雪覆盖，许多街道几天都未能除雪。市长办公室临时建立了网上平台发布即时的除雪信息，由于政府自己采集到的道路除雪信息不够准确，于是政府鼓励市民通过社交媒体向政府提供有关道路除雪状况的信息和照片，使市民成为政府检查除雪情况的“耳目”。

②美国波士顿市经常下雪，消防栓很容易被雪埋住找不到而耽误消防任务。由于消防栓众多，日常维护光靠消防局显然人手不够，所以，波士顿消防局开发了一个称为“认领消防栓”的应用，邀请居民认领一个住宅附近的消防栓，帮助除雪等日常维护，受到居民积极响应。类似的案例还有，英国借助群体智慧维护道路和附属设施；纽约发动群体智慧利用公共空间设计环境艺术和扩大绿化；芝加哥利用群体智慧帮助流浪汉和孤寡老人等。

③美国政府为了鼓励使用 data. gov 的开放数据，专门建立 www. challenge. gov 网站，持续发布数据竞赛，最高奖励达 2000 万美元。此外，美欧各城市也经常发起数据应用竞赛。最早的一次是 2009 年华盛顿市耗资 5 万美元组织的政府开放大数据 APP 开发大赛，在 30 天内征集到 47 款应用。这些应用后来发展成市值 230 万美元的各种软件产品。

④哈佛大学、芝加哥大学、华盛顿大学等高校经常组织“大数据社会福祉”工作坊和学术夏令营并提供专项资金支持。这些工作坊和夏令营与所在地政府合作，全社会征集参与者，针对具体的社会治理问题设计开发了许多成功的数据产品，并能普及数据思维和数据产品的设计开发方法。

⑤www. drivendata. org 等互联网组织面向社会福祉发起专题活动并提供奖金；Datakind、Bayes Impact 等非营利机构致力于推动大数据运用于改善弱势群体生活水平等，很好地弥补了政府和企业未能及时关注的一些社会问题。

第四节　大数据时代我国社会治理途径

一、树立大数据思维，提升全民科学素养

大数据领域的新概念新理念层出不穷，普通民众往往不能很快接受、理解和吸收，因此需要加强这方面的宣传和教育。首先，可以邀请专家学者面向企业、政府和社会公众开展大数据专题讲座和培训，帮助他们树立“数据就是资源，数据就是财富”的科技理念；其次，可以让更多的智慧产品和服务走进社区、家庭乃至社会公众个人，增进他们对信息资源产品的了解与使用；最后，保证信息惠民政策的落地，鼓动社会力量参与，令数据和信息系统有更大的发挥余地，相应的应用和服务更加接地气。

二、推动政府数据开放与共享

政府约占全社会信息资源的80%，开放政府数据是大数据时代的大势所趋。开放政府数据首先要合理划分数据公开权限，明确“不可公开”和“可公开”的范围，并划分可公开数据的优先等级。其次，应清晰界定数据公开标准，明确数据公开的渠道、范围、方式、流程、数据格式等。此外，还要积极探索建立跨部门数据资源共享管理制度和工作机制，主要包括研究建立保障各自数据源对数据的所有权，明确数据归属和数据权益的相关政策和机制；研究跨部门数据资源分享交换渠道，探索建立数据目录服务中心、数据分享交换中心、数据交易平台，实现长效化的数据交易共享市场模式；培育建立第三方数据服务商、数据交易机构等第三方专业服务机构和人员，并通过出台相关的资质认证、管理要求，规范相关行业从业人员和机构工作等方面。

三、推动社会数据开放与共享

与政府数据类似，开放社会数据时也要明确公开的权限，注意排除个人隐私、商业机密以及国家安全的信息，划分可公开数据的优先等级，界定数据的公开标准，包括公开渠道、方式、范围等。此外，管理大数据时要根据数据的类型和用户需

求进行分类,制定统一的数据标准,构建大数据服务平台,实现数据共享,保证数据可比,做到科学规范。

四、建立跨界合作的社会治理生态圈

在大数据的推进下,建立一个政府引导、社会组织推动、企业实施、公众参与的创新治理模式:政府完善大数据应用的相关政策和规范,推动数据公开共享,出台相关优化政策引导大数据应用工作;积极发挥社会组织的综合衔接和决策咨询作用;企业利用大数据优化内部管理流程,提升精细化管理水平;公众通过参政议政渠道积极参与社会治理。在新的创新治理模式下,全社会积极参与其中,“智慧城市”“智慧社区”得以更好地建设和发展,越来越多基于公共服务的数据产品得以面世。

五、推动技术研发,提升技术水平

“科学技术是第一生产力”,唯有提高与创新大数据技术才能提升社会治理能力。目前,我国的大数据技术相对落后,因此,要把大力推进大数据技术的研发置于首要位置,鼓励企业和科研院所合作开展大数据技术的产学研转化,建设大数据治理和服务平台,促进大数据技术成果惠及民生;其次,引进和创新大数据技术,可以在初期着力引进并掌握外部大数据管理技术,中期边引进边探索适合我国的大数据技术,后期着力开发具有中国特色的大数据技术,掌握大数据技术主动权;最后,严守数据管理技术规程,对于关键的核心数据文件在进行加密保护后,还应严格执行多人共同管理制度,并通过限制数据库访问路径的方式来控制数据库管理员的日常工作权限,在最大限度上确保数据库的系统稳定和安全运行。

六、推动专业人才培育

积极培育专业人才,拓展大数据时代社会治理能力建设的参与阵容。依托高校知识储备力量,培养一批政治作风过硬且熟谙大数据关键技术的复合型人才,并将其选配到社会治理的工作岗位上来,形成一支强有力的社会治理大数据分析队伍,使其在社会治理岗位上发挥作用,为社会治理能力的提升做出贡献。此外,建立多层次的大数据人才培养体系,营造有利于高端人才发挥本领的人才发展环境,吸引相关专业背景的海外高端人才回国就业，加快高层次大数据人才队伍建设。

七、完善相关保障制度

大数据时代数据的透明开放并不意味着无条件开放，国家、企业和个人数据的安全隐私仍受到法律保护。对此，一方面，要倡导行业自律，建立社会监督机制，包括建立信息伦理委员会、完善行业自律机制、树立规训与奖惩机制等；另一方面，要健全数据立法，加强信息法治监管，在用户数据的授权、采集、存储、流转、二次利用等相关权责方面做出明确界定，并针对肆意侵犯用户隐私、危害国家安全等违法犯罪行为出台专门立法。

八、推动群体智慧的应用和发展

目前，我国已建立起不少大数据平台，然而相关的数据应用和服务仍付之阙如。在大数据治理过程中，我们应尝试引入社会群体的力量来帮助收集数据、识别需求、开发应用以更好地服务社会，可通过三种途径来实现：政府自身发起大数据应用竞赛；利用高校研究机构学术优势开办工作坊、夏令营；号召行业组织和公益机构利用开放大数据。

第十章　西方国家社会治理的经验

由于政治制度、社会体制和文化理念的差异,中国的社会治理与西方发达国家的社会治理存在一定的区别和差距,因此不能完全照抄照搬西方的治理模式。合理吸收和借鉴西方发达国家社会治理的有益思想和经验,是我国创新社会治理体系应该始终遵循的一条基本路径。为此,本章对西方发达国家的社会治理经验,做一个相对完整的总结概括,为我所用。总体而言,西方发达国家社会治理主要具有以下重大经验值得我们借鉴。

第一节　西方国家社会治理理念

从社会治理思想的产生表明,西方发达国家社会治理的背后存在着诸多学术治理思想的争论和各种建议,但最终要采取什么样的治理措施,还得通过执政党或政府决策者依靠政策和法律的形式来加以贯彻和执行。实际上,随着经济转型发展和社会民众需求的不断增加,以及世界科技、社会形势的变革,西方也面临着不断产生的各种社会问题,执政者不得不开始反思原来的治理方式,旨在满足不同群体的多元利益需求,提高政治回应性和民主性,维护政治社会的和谐稳定。从这个意义上说,社会治理理念的更新,既是西方发达国家社会治理的思想基础,更是新时期社会价值的重新思考和理论探求。根据近年来西方国家的主要改革取向来看,发达国家注重强调以下几个社会治理新理念:

一、开放与包容

根据吉登斯的解释,"'包容性'意味着公民资格,意味着一个社会的所有成员不仅在形式上而且在其生活的现实中所拥有的民事权利、政治权利以及相应的义务。它还意味着机会以及在公共空间中的参与。""一个包容的社会必须为那些不能工作的人提供基本的生活所需,同时还必须为人们提供多样性的生活目标。”包容性包括容纳不同社会阶层、生活方式和价值诉求的多样性。这一理念从西方国家政党执政理念的转变中可见一斑。如 1995 年英国首相布莱尔表示,要使工党变为一个开放的党,一个成员包括私营业主和无产者、小商人和他们的顾客、经营者和工人、有房产者和住公房者、熟练的工程师以及高明的医生和教师的党。德国社民党在 1998 年竞选纲领中,声称将依靠掌握熟练技术的、积极进取的雇员,依靠在家庭和社会中为子女教育承担责任的男女,依靠富于远见、投身事业的经理和企业主,依靠具有革新精神的、灵活的中间等级、手工业者、自由职业者,依靠勇敢的创业者,依靠出色的、拥有高文化素质的信息工作者、医生和工程师,依靠从事发明创造的技师和科学家,依靠具有责任感的德国工会,邀请他们建立一个在社会和文化上更加多元化的公民联盟。

二、公平与平等

自由、平等、公平历来是西方发达国家追捧的社会价值观,但实践表明,在资本主义市场经济体系下,西方社会并非一个真正公平的社会。2011 年发生在美国并蔓延到欧洲其他大城市的“占领华尔街”运动,以“我们代表 99%,不再忍受 1%的贪婪与腐败”的抗议话语,充分反映了美国巨大贫富分化背后的深层次政治制度危机与社会公平危机。实际上,在社会转型发展时期,经济垄断、收入差距、公共服务不公平,都是西方发达国家普遍面临的社会问题。为此,近年来,欧美发达国家在社会治理过程中,特别注重社会公平理念,不管是在经济领域还是在收入分配领域抑或公共服务领域,政府极力建构有助于促进机会公平、规则公平的公平社会。如美国纽约市 2012 年强制通过《纽约工人公平薪资法案》,任何接受政府补助 100 万美元以上建筑工程的合同商,必须把员工的“生活基本薪资”从现在的 8.10 美元涨至 10 美元,员工同时享有健康保险;如果没有福利,时薪要达到 11.50 美元。

三、互动与协作

在当今,一些社会问题跨边界、跨学科、跨领域特征的日趋明显,如大气变化、污染防治、跨国犯罪等问题。对此,政府并非万能,单靠政府一方抑或单靠一个行政区政府的力量,已经难以有效发挥作用,很好地解决这些问题。因此,一方面,政府需要与非政府、非营利的社会团体或第三部门、中介组织之类进行合作，通过分权、赋权和共享权力的方式，实行“协作治理”；另一方面，开展跨国间、跨区域、跨城市之间多种形式的互动、协商、对话、谈判等，努力构筑由政府、跨国企业、NGO、公民等多主体共同参与的跨界合作伙伴治理，正成为当前西方国家社会治理的重要理念和基本趋势。与此相对应，传统以集权、分权为视角的行政控制方法，开始被共享权力、共同负责、结果导向、绩效评估等现代协作治理方法所取代，无缝隙、一体化的纵横向合作互动网络和整体政府，成为社会治理的政治选择。

第二节 构筑社会治理的多元主体结构

社会治理的实质，是政府、企业、社会组织、社区组织、媒体等多元主体之间协作互动、互惠互利、权力分享的过程与状态。而这些主体之间保持相对力量的均衡、独立、强大，是有效开展治理活动的基础和条件。根据西方发达国家的实践表明，积极借助新公共管理运动、新公共服务、重塑政府、府际关系管理等现代改革思想，积极构建“小政府、大社会”的社会治理结构体系，是其开展社会治理的先决条件和根本基础。主要体现在如下几个方面：

一、构筑小而强的公共服务型政府

针对政府与市场、政府与社会之间的关系，尽管西方国家经历了亚当·斯密的自由主义经济学原理（小政府时代）、凯恩斯主义理论（大政府时代）、新自由主义经济理论（倡导小政府），以及近年来又出现集权化大政府倾向的这样一个周而复始的循环，并不存在唯一的状态，但强调政府减少对市场和社会的微观干预，提高政府处理各种问题的能力和水平，提高政府对多元社会民众需求的回应性，将政府打造成一个为公民公平、公正、高效地提供公共服务的公共服务型机构，强调职能有限但能力强大（小而强），始终是西方国家推动政府体制改革的一条主线和目的。如美国政府围绕公共服务之有效供给而进行的以“企业家政府”模式为主导的政府再造运动，英国政府通过雷纳评审、下一步行动方案、公民宪章运动、竞争求质量运动等开展的分权化、私有化、社会化改革，无不体现了对小政府的信仰。

二、大力培育社会组织发展

根据社会治理的内涵要求,拥有规模化、规范化、有能力的社会组织体系,既是社会治理的主要主体,更是实现社会资源配置社会化进而构筑社会治理格局的核心环节。西方发达国家在资本主义制度崇尚自由和民主的文化背景中,在制约政府权限的同时,通过多元手段努力建设一支强有力的第三部门或第三力量,始终是推动社会治理的一条主要路径和基本原则。当前非营利组织已经成为西方发达国家重要的经济力量和社会运行机制。据美国约翰斯·霍普金斯大学萨拉蒙教授通过对 35 个代表型国家长期跟踪研究指出,到 20 世纪 90 年代末期,这 35 国的非政府组织部门支出总和构成了全球第 7 大经济体,达 1.3 万亿美元。而发达国家更是普遍存在庞大的非政府组织部门,其经济规模平均占各国 GDP 的 4.5%,雇佣人员占非农业人口的 5%、服务业人口的 10%、政府公共部门就业人口的 27%。如美国共有 180 万个非营利组织,主要分为三大类:公共慈善机构(占 59%)、私人基金会(7%)和其他。据统计,非营利组织的收入占国内总收入的 6%,从业人员占全国雇员的 9%,全美 51%的医院,46%的大学,86%的博物馆,90%的音乐、舞蹈、艺术组织以及 58%的社会服务由非营利组织提供。这种政府积极转变职能,促进非营利组织以及慈善组织的蓬勃发展格局,属于真正的“小政府、大社会”模式,更为社会治理提供了坚实的组织基础。很明显,在社会组织规模方面,我国与世界主要发达国家之间还存在明显的差距。

三、构建丰富多元的基层社区组织

社区是社会的细胞,更是社会自治和社会治理的战略空间单元。西方发达国家除了大力构筑强大的社会组织体系外,还注重居民生活居住的基层社区,鼓励和培育形形色色、丰富多元的各类社区组织,让居民最大可能地从当地社区中获得社会服务、满足服务需求、表达利益诉求、推进基层民主,从而实现政府治理与社会自治的有机结合与良性互动。如在邻里层面设立小规模、自治化、民主化的社区组织或邻里政府,成为美国大城市居民的普遍选择,旨在对高层城市政府形成一定的权力制衡,促进基层社区的自治和公众参与。具体而言,美国大城市当中兴起的邻里政府主要有以下几种类型:

一是独立的邻里政府：主要指一些大城市不同邻里组建的“小市政厅”（Little City Halls）、“社区规划委员会”（Community Planning Boards）、“社区委员会”（Community Boards）、“社区理事会（Neighborhood Councils）”等组织。美国不同城市对这些邻里组织的叫法不尽一致，有的城市对这些组织名称通用，例如纽约市的社区委员会也叫作小市政厅。但这些组织的基本性质，是属于公共性质的政府决策咨询机构，大多是在上级领导或上级政府职能部门（如规划部门）主导下组建而成的基层服务组织，主要功能是听取基层民众对城市发展政策的声音、想法和建议，为巩固某个城市领导的行政地位或促进城市民主发展提供最真实的民意及决策建议，同时也最大限度地鼓励和促进基层民众对城市规划发展的长效参与机制。例如美国波士顿在20世纪60年代，其市长威尔·凯托立克非常注重把社区基层民众和有才华的移民吸收到政府当中，专门制订了在全市社区设置14个“小市政厅”计划及邻里复兴计划，旨在构建社区居民和城市政府之间的紧密关系。

二是半独立、准政府的邻里政府：社区发展公司（Community Development Corporations，CDC）。社区发展公司是美国在20世纪60年代继社区行动计划（CAP，Community Action Program）之后，为了解决城市中心社区的经济活力和就业问题而兴建的一种非营利组织，其主要功能是为低收入社区提供住房建设和居民就业培训。之所以说它是一种准政府机构，就是指在结构和功能上，它类似于政府但又不完全是政府。一方面，它是一个基于地方、由社区控制的组织，由邻里居民选举产生，有较为稳定的财政经费来源，有开展社区综合发展规划的政府性职责，履行着部分的政府职能；另一方面，它又没有宪法地位，虽有经费来源但没有税收基础，也缺乏独立使用资金的权力。在现实中，对CDC尽管有很多批评，但其成功的发展规划和治理模式，确实搭建了私人部门、开发公司、基金会、政府部门以及银行等多元主体之间合作的平台和载体，为中低收入社区带来了各种各样的资金支持，提升了社区价值，改善了社区品质，是一种较为成功的基层治理模式。据统计，到20世纪90年代初，广泛分布于美国各州主要城市的CDC数量超过2000个，已经累计建设了12500万支付住宅单元，12600万平方英尺（约合1171万平方米）的商业和工业空间以及77.4万个就业岗位。

三是私人化的邻里政府：私人邻里协会（Private Neighborhood Associations）。美国的大都市社区主要是由独立住户组成。自20世纪60年代以来，在公民参与传统复兴和政治分权化的背景下，大城市的一些新建住宅区和高收入社区，为了更好地保护私人财产、提供服务，以私人住户为单元，普遍组建了一种自治化、私人化的邻里组织——私人邻里协会（Private Neighborhood Associations）或居住区协会（Residential Community Associations，RCA），这是一种立足于邻里、不受城市政府控制的“私人政府”。这种私人政府在法律上存在三种形式：住房业主协会（Homeowners Association，HOA）、公寓业主协会（Condominium Association）与合作制（Cooperative），三者可统称为“社区协会”（Community Associations）。根据社区协会研究所（The Community Associations Institute，CAI）的研究表明，自20世纪70年代以来，这些邻里组织得到了快速发展，如今美国有近50%的新建住宅都置于私人邻里协会治理之下。截至2012年，全美国存在私人邻里协会的社区总共有323600个，其中住房业主协会约有161800个（占总数的50%～52%）、公寓业主协会约有145620个（约占45%～48%）、合作制约有6472个（占总数的2%～3%），覆盖6000多万城市居民，这也是当前美国大都市邻里政府的主体组成部分。

四是邻里联合组织：邻里联盟。邻里联盟就是指在特定邻里范围内，以获得权力和控制，或以防止邻里的经济和社会衰退为目的，由多个邻里组织联合起来而设立的常设联盟，以代表一个支持邻里发展需求的有组织的共同声音。当今美国，无论在城市还是在郊区的许多地方，都存在这样的邻里联盟，并且甚至存在一个街区联盟的全国性网络，代表地方社区的声音。其中最著名的邻里联盟当属20世纪70年代在芝加哥伍德朗社区（第60街和第63街之间），由100多个邻里组织联合组建而成的“临时伍德朗组织”（TWO），它是一个以抵制社区低收入家庭被取代的邻里联盟组织。在20世纪70年代，TWO开始了一个广泛的社会服务计划，目前其管理着一个社会服务网络，拥有一笔420万美元的总预算，每天服务7000人以上。在此基础上，人们后来又创设了伍德朗社区发展委员会，努力创造着一个有活力的混合收入社区。这是在美国发起一个混合收入住房所有权项目的第一个组织，在这个项目中，中等收入家庭和低收入家庭将相邻居住。

四、构筑强大的媒体阵容参与社会治理

媒体作为连接政府与民众的信息平台，在促进国家政治发展、社会进步、思想建设等方面始终发挥着十分重要的角色和功能。西方国家在言论自由的政治制度

下，强有力的大众媒体（包括传统媒体和现代媒体）系统，积极参与着社会公共事务的治理活动，这对诸多问题的发现和解决，发挥了十分强大的监督作用，进而被誉为是在立法权、行政权和司法权之外的“第四权力”或“第四部门”。根据实际情况来看，媒体在社会治理中的作用存在积极和消极的两面性，一方面，在监督政治行为、揭露社会问题等方面，传统媒体和新媒体积极参与，以引导大众关注社会问题，汇集民意，发挥政策与民众之间信息沟通、桥梁等的作用，同时也维护社会制度运行的规范性、透明性，进而促进社会透明、公平、公正地发展和进步。如早年美国前总统尼克松的“水门事件”当中，可见媒体在政治监督和社会公共事件中的权威作用。另一方面，随着各类新媒体（如微博、脸书、推特等社交媒体）的发展，在一定程度上，也给具有破坏性质的反社会运动或恐怖组织，提供了相互勾结、散布谣言等的有力工具，大大提高了社会治理的难度。因此，在充分发挥大众媒体对社会治理积极作用的同时，加强立法，加强规制，规范网络行为，最大限度地克服网络媒体对社会发展的负面影响，成为西方国家加强社会治理的另一重要内容。

第三节　建立健全有效的社会治理机制

顺应经济和社会的发展进程，在培育了包括政府、市场、社会组织、媒体等多元治理主体的基础上，能否采取有效的社会治理机制，将分散在不同领域的社会资源进行高效的整合与配置，从而较为容易地解决各种社会矛盾和问题，是社会治理成败的关键所在。这也是西方发达国家能够有效满足社会需求、解决社会问题、提高民众生活质量的治理经验的精髓。笔者以为，西方发达国家的资本主义社会治理之所以取得较为明显的成效，与以下较为完善的三大核心机制具有紧密的关系：

一、政府购买公共服务机制

面对巨大的财政压力和服务需求不断增长之间的矛盾，政府按照“公私合作伙伴”的理念出发，积极主动地建立健全政府购买服务这一新制度，将社会组织、市场组织全面纳入公共服务提供的行列中，从而达到降低服务成本、提高服务效率的目的，已经成为西方发达国家一个较为成熟的治理经验。据统计，美国联邦政府已经与私人公司、研究机构和个体顾问间签订了大约 2000 万个合同，每年所涉及的经费数额占联邦总开支的14%,国防部通过合同出租支出的资金约占其总支出的三分之二,能源部和国家航空和宇航局则是联邦政府最大的合同签约者。英国政府早在1990年公布的公共医疗和社区关怀法中就明确规定,中央政府拨付的特殊款项的85%必须以竞争招标的方式向私营或非政府组织购买。在此方面,美国、英国、新西兰、澳大利亚等国家已经建立了包括立法、招投标、公开竞争、操作流程、服务评估等在内的一套成熟运作机制,大量社会组织已经成了诸多关乎民生领域公共服务的主要提供者。这一机制的应用,为真正的"小政府、大社会"提供了有效的制度保障。

二、公众参与机制

社会公众作为社会发展与治理的核心主体之一,能否有效参与到社会公共政策的制定过程,直接决定着社会治理的成效。以人为本,依法确保公众在行政立法、城市规划、城市管理、社区服务等重要领域中的参与权、知情权和自治权,充分吸纳社会民意、汇集民智,是西方发达国家有效化解社会矛盾,促进社会公平发展的重要经验之一。例如纽约市在城市规划编制过程中,依法制订详尽的公众参与计划,形式包括公民咨询会、公众听证会、访谈、问卷调查、媒体讨论、社区讲座以及社区规划的分组讨论及汇总等。市规划局所收集的资料、研究成果及提出的规划建议必须提交由公众参与的定期研究会议进行讨论和确定,在提交给市规划委员会和市议会决策之前必须召开各种形式的公众听证会。据研究表明,参与纽约大都市区规划的人员包括来自5个区(实际上是相对独立的自治市)、59个不同的当地社区委员会、13个城市规划委员会、政府有关部门,加上近千名城市、州、联邦机构的工作人员和城市各非营利团体在内的各界人士,总计1700人。

三、劳资关系协调机制

在经济社会的转型发展中,必然会出现各种各样的社会利益冲突和社会矛盾,是否具备健全的社会利益协调机制,直接关系着一个社会的持续稳定与和谐程度,更是一个成功的社会治理体系必须解决的核心任务。纵观西方发达资本主义国家,在长期发展演变过程中,之所以能够保持社会的总体稳定和谐,除了国家不断调整收入分配结构进而培育了大量的中产阶层外,与其健全、成熟、有效的劳资关系协调机制具有直接的关系。例如法国,根据1919年的《劳工法案》、1950年的《劳资协议法》、1982年的《奥罗法》等法律依据,全面确立了劳资双方自愿进行集体谈判的原则,规定集体协议每年必须进行谈判,并对集体协议的具体内容进行了规范,将集体协商谈判制度作为解决劳资纠纷的主要手段。法国的集体谈判分为三级:由国家有关部门代表(劳工部长、国民经济部长、国务委员会社会司长)、受雇者代表(五个全国级工会按规章组成)、雇主代表(法国雇主会主要有三家,即雇主协会、中小企业雇主协会、手工业雇主协会)三方先进行谈判;全国产业、行业一级的集体谈判;企业一级的集体谈判。法国的集体谈判适用于所有的企业,包括工业、商业、使用雇工的农业,适用于所有的职工,包括自由职业者、律师、机关办事处、家务用人、房屋看管人、家庭工人等。正是这种成熟的集体谈判制度,通过公平、公正的方式,依法保护了劳资双方应有的合法权益,实现了多方利益的均衡,及时化解了有可能进一步升级的社会矛盾。

第四节　采用以法治为主的多元治理手段

在现实当中,当面临很多社会问题时,到底采取何种手段加以处置或处理,是社会治理的主要环节,也是决定社会治理成败的关键。西方发达国家的经验表明,以法治手段为主,刚柔并济,采取法律、经济、道德、教育等多元手段,是社会治理取得成功的重要依托。例如,在法治方面,欧美等西方发达国家几乎在社会发展的所有领域,都建立了各自的法律法规体系,可以说,法律与人们的生活如影随形,人们绝大多数行为都受到法律的约束。如为了处理邻里之间各种鸡毛蒜皮的小麻烦,美国为此专门制定了一种称之为"皮毛法"的法律来处理此类琐事。可见,健全立法,依法处理,严格执法,就成为发达国家社会治理的基本方法和手段。

在强调法治的同时,发达国家也非常注重柔性手段的应用,主要有两种方法和手段:一是纠纷解决替代机制又称非诉讼纠纷解决机制(ADR),通俗来说,为了节约法官资源,对较小的社会矛盾或利益冲突,主要通过庭外调解的手段加以解决和处置,而不是上法庭打官司,这种方法类似于中国的社会调解方式。据称,从20世纪90年代以来,美国95%以上的纠纷都是通过非诉讼方式解决,并且已经形成了一整套完善的纠纷解决体系。二是依靠道德、宗教等文化价值观力量进行社会治理。这一做法在韩国、日本、新加坡等东方儒家文化传统的国家表现得尤其明显。国家通过系统、全面的道德体系建设与宣传教育,引导国民在工作、生活、社会交往中,遵守基本的公共道德准则,自觉维护社会秩序。例如:新加坡很重视通过培育国民的共同价值观以提高社会凝聚力,在经全民讨论并由国会通过的《共同价值观白皮书》中,提出了"国家至上、社会为先;家庭为根、社会为本;社会关怀、尊重个人;协商共识、避免冲突;种族和谐、宗教宽容"五大共同价值观,得到了各大宗教团体和种族的认同。与此同时,宗教信仰和精神的力量,也是西方发达国家社会治理的一个重要手段。

第五节　建立健全配套的社会政策体系

社会治理是一项系统社会工程,除了政府建立健全有效的治理机制,采取有效治理手段外,更需要常态化、稳定化、系统化的社会公共政策加以保障和支撑,否则,社会治理充其量就是一种"头疼医头、脚疼医脚"的短视行为。这一点,在北欧发达国家中表现得非常典型,也正是因为其在市场化进程中,不断建立健全旨在保障劳动者基本合法权益的各类社会公共政策体系,才保障了整个社会的总体和谐稳定,这集中表现在社会福利政策(养老、医疗、保健、失业、工作福利等)、人口政策、就业政策等方面。如北欧挪威、瑞典、芬兰、丹麦和冰岛五国,它们的国家福利制度成功推动了经济和社会的发展,包括经济增长、稳定的民主政治、个体自由和全面的社会保障体系。近年来,西方福利国家的内外部环境发生了显著的变化,给原有的福利政策带来了一定的挑战,为此他们积极推进社会投资政策、推行基于最大化就业的政策改革、强调个体责任与工作激励等改革措施,应对金融危机带来的各种挑战。这些改革措施对西方国家的社会治理,依然发挥着重要的支撑作用。

第十一章　中国社会治理创新的基本措施

创新社会治理是一项较为复杂的系统工程，需要从思想、价值、体制、机制、法制、政策、人才等方面采取综合策略，更为重要的是，只有将社会治理放在全国政治、经济、文化、社会、生态建设的大框架中，提升政策的配合协同性，才会收到应有的效果。本章认为，当今中国创新社会治理体系，重点需要加强以下几个总体方略建设。

第一节　进一步解放和树立社会治理新思想

“治理”作为发端于发达国家语境体系下的一种管理理念，本身蕴含着丰富的内涵与深刻本质，也是一种被实践证明、能够解决诸多社会问题的有效工具。要想建构旨在实现民主、互动、合作、协调的“社会治理体系”，首要环节是全社会成员需要进一步解放思想，尤其是各级党政领导干部，要站在深化改革的立场上，破除旧有思想的束缚，主动掌握“治理”的本质与内涵，积极认识、认同、接受“治理”思想的精髓，提高创新社会治理的文化自觉性。唯有如此，才会实现并保障社会治理体制的持久高效运转。党的十八届三中全会提出的“实践发展永无止境，解放思想永无止境，改革开放永无止境”，全面展示了共产党人勇于探索实践的勇气和决心。

中国自秦帝国后几千年来都是单一制集权型国家，再加上新中国成立后 30 多年的计划经济体制，使得官本位、政府主导的思想，渗透在中国经济社会的各个方面。在资源配置和办事能力上，政府独大、社会弱小，社会依附政府而生存，依靠行政权力自上而下，由政府直接提供和生产公共服务；政府“管了许多不该管、管不好的事情，本应该管的事情反倒没有管好”的职能错位等，自然成了中国政社关系基本格局的一大问题。这种自古以来的中国式社会思想和实践做法，在某种程度上，制约着以公私合作伙伴为核心要义的社会治理体系建构。为此，要建构中国特色的社会治理体系，亟须在全党、全社会树立以下五大新思想、新理念。

一、破除“政府本位、官本位”思想，树立新的“民本位、社会本位”思想

世界发达国家和新兴经济体的实践充分表明，有一个英明的党政系统和一支现代化的党政人才队伍，是任何一个国家走向繁荣发展的必要条件，尤其是对推动国家转型具有决定性作用。但假如一个国家绝大部分资源高度集中在党政体系内、绝大部分有才能的年轻人挤破头想进入党政系统、绝大多数民众认同官位高低成为一个人成功与否和高低贵贱的核心评价标准时，表明经济的持续繁荣发展与社会的和谐稳定缺乏应有的内生性基础。习近平总书记指出，我们推进改革的根本目的，是要让国家变得更加富强、让社会变得更加公平正义、让人民生活得更加美好。这充分说明，一个好的社会治理体系，一定是以人民为本位、以社会发展为本位的，更需要在财富资源公平配置格局下，让每个人在多元领域中充分实现自己的人身价值，共享经济成果，共享流动机会，激发活力，实现自我价值和国家利益的统一。

二、破除有偏见的“社会组织恐惧症”，树立信任、包容的“政社合作伙伴”思想

西方发达国家的社会治理实践已经表明，一个好的治理体系，一定是公共服务提供者——政府（主导服务决策权）和公共服务生产者——市场或社会组织（主导服务操作权）的有机结合体，社会组织的有效参与和充分竞争，是全面提高公共服务质量、效益、效率的必然选择和重要保证。中国特色的社会治理体系，自然离不开大量社会组织的直接参与。但令人遗憾的是，当前我国一些拥有实权的职能部门领导，对社会组织持有既仁慈又专制的矛盾看法，在口头上承认并强调社会组织的重要性，但在实践行动中，对一些草根组织或社会组织“不放心、不信任、不还权”，害怕其“不稳定、不守法、不听话”而影响工作政绩，严重制约了社会力量的成长与壮大。殊不知，只要建立健全严格的卖方市场检验（服务评估制度）和买方用户选择机制，一些不称职、没能力、没效率的社会组织，自然会被公共服务市场抛弃。当务之急是，政府要从合作伙伴的角度出发，给予社会组织更加信任、更加宽容的态度，放手让其发展。

三、破除部门化的“狭隘利益主义”，树立全民性的“国家利益、人民利益”思想

伴随着几十年的改革，政府体制出现了“权力部门化，部门利益化，利益行政化”的格局，尤其是在“利益部门化”和既得利益思维下，最大限度地增加和最低程度地损失部门利益，恰恰成为当今跨界协同治理创新的最大阻力。在这种狭隘的部门利益导向下，“好事抢着管、没有利益的难事坏事相互推诿或无人管”成为政府管理的必然结果。社会治理创新的出发点和落脚点是最大限度地改善人民的公共利益，唯有实现多个部门之间的跨界合作、互动与共治，才会解决好某个部门无法单独解决的复杂社会问题。当务之急，在社会治理创新中，需要各级职能部门领导破除部门利益得失的传统思维，树立全民利益思想，要以促进人民整体利益为准，相互协同配合，共同保障改革的系统性、整体性和协调性。

四、破除先入为主的“唯我独尊”想法，树立依靠并发挥“群众智慧”的思想

任何一个国家的统治，离不开社会精英群体的智慧和才能。近年来，我国出现了一些地方官员忽视或辱骂基层民众的现象，这折射出“官本位、唯我独尊、我说了算”等特权思想，一些政策的出台并没有真正听取广大人民群众的意见和想法，但真正的智慧潜藏在人民群众的劳动实践中，如 1978 年安徽“小岗村”18 位农民开创的家庭联产承包责任制全面拉开我国改革大幕的实践，充分说明了“理论来自实践”的道理，更验证了广大劳动人民群众的无穷智慧。这就要求我们的决策者和管理者，克服在办公室“闭门造车、拍脑袋”的行为，坚决奉行“没有调查就没有发言权”的理念和做法，走出办公室，走向基层、走进民众，充分听取民众的想法和建议，最大可能地吸收广大劳动人民群众的智慧，以提高社会公共政策的可行性和实效性。

五、破除行政导向的“资源垄断配置”思想，树立消费导向的“竞争性资源配置”意识

我国经济体制改革表明，确立企业的市场主体地位，营造充分竞争的大环境，

让市场发挥资源配置的决定性作用，是创造中国经济奇迹的核心因素。能否像经济体制改革一样，探寻出一套实现社会资源公平配置的社会化竞争机制，将会决定社会治理的成败。当然，这是制度建设的范畴，但制度建设还要以拥有正确先进的改革思想为基础。因此，在创新社会治理体系进程中，资源高度集中的政府，要以提升公共服务效益和质量为核心，破除“资源垄断供给”的传统意识，主动分离公共服务的供给和生产，以满足消费者需求为导向，积极构建公共服务的卖方市场和买方市场，建立健全公共服务购买机制，在公益性事业单位、社会组织、私有企业之间，营造相互竞争的氛围，给民众更多的服务选择权和监督权。只有这样，才会在促进政府职能转变、社会力量成长的同时，以较低的社会成本，有效改善公共服务的规模和质量。

第二节　重塑社会治理价值目标

社会治理活动是人类一切行为体系中最为典型的集体行动，它必然会在行动中突出甚至公开宣示自己的价值。因此，在树立正确治理理念的基础上，能否形成符合社会发展趋势和社会变革要求的统一价值取向，更好地满足广大人民群众的发展需求，更好地提升全体人民的生活质量，更大程度地增进社会福祉及和谐程度，就成为创新社会治理的首要战略选择。实际上，根据西方社会的发展演进及其治理路径来看，不同时期社会治理呈现不同的价值取向，效率、公平、民主、法治等都是其不断追求的价值目标，对我们具有一定的借鉴意义，但中国创新社会治理，不能照抄照搬西方所谓的民主价值模式，应该形成符合我国社会主义核心价值观、文化传统和社会心理特征的中国特色的社会治理价值体系。总体而言，我们在社会治理创新进程中，重点需要树立并追求以下几大价值取向：

一、尽职尽责

社会治理创新是政府、企业、社会组织、个人等多元主体之间，依法进行有效合作与互动的过程，其中每一类主体明确各自在社会发展与进步中承担的职责，最大程度地发挥各自应尽的职能，是促进社会治理现代化的首要保证。换句话说，我们的制度再怎么完善、政策再怎么精密科学，假若多元化的治理主体都不负责任，特别是当今“只讲权利，不讲责任”的社会思想环境中，责任意识的薄弱必将对社会治理效果带来致命的打击，从而也无法解决好我们面临的种种社会问题。为此，社会治理创新在价值追求上，首先应该强调的是社会责任意识的唤醒与重建，唯有全面构建起负责任的政府、企业和国民，并且依靠制度的力量让所有主体严格履行各自不同领域或岗位上的职责，社会治理才会真正实现现代化的新目标，也才会共同创造有秩序、和谐文明的小康幸福社会。

二、公平正义

社会的公平正义，是现代人类社会共同追求的价值目标之一，也是人类社会多元文化和平共处的主要法宝。我国自改革开放以来，从一味追求效率向兼顾效率与公平的转变，是国家制度与政策创新的主要脉络。尤其是在区域差距、贫富差距等不断拉大的当今社会，在“做大蛋糕”的同时，如何“分好蛋糕”，让每个人都能共享改革开放的成果，依法保障每个人的合法权益，使得社会更加公平正义，对实现中华民族伟大复兴更具有决定性的作用。为此，我们的社会治理创新，就得从维护最广大人民群众的公共利益和让每一个中国人都能共享中国经济增长成果这一根本出发，努力消除制约社会公平正义的各种体制性障碍，着力调整过大的收入差距，扩大中产阶级数量和规模，改善特殊弱势群体的生存状况，最大限度地依法维护每个群体的合法权益，从根本上消除所谓的“仇富”“仇官”“仇警”等社会病态心理，最终形成一个相对公平、富有活力的社会结构，理应成为社会改革与治理创新的主要价值追求。

三、民主法治

民主和法治是人类社会治理的主要路径，也是主要保障所在。由于特殊的国情和体制因素，当前我国社会治理中，公共决策的民主化、社会公众参与、依法治理程度都不是很高，从而引发和导致了诸多社会问题，政府与民众之间的关系逐渐疏远，呈现行政治理成本较高、治理效率较低的局面。因此，在新一轮创新社会治理体系进程中，我们需要确立追求民主、法治的价值取向，引领社会大众走向依法表达利益诉求、积极参与政治公共决策、遵纪守法，自觉遵守和共同维护社会规范与社会秩序，努力建设民主社会、法治社会。一方面，要开辟和建立健全公众参与的渠道和机制，培育民众理性、有序的参与意识，全方位推进形式多样的社会协商与协商民主，特别是适应网络社会的新趋势和新要求，让每个网民依法发表自己的观点和看法，不断提升社会公开、参与、自由的民主化水平。另一方面，要引导民众尊重法律，学习法律，应用法律，依法维护自己的合法权益，强调政府严格执法，公正司法，用法治的力量化解社会矛盾和社会问题，保障社会改革与治理策略沿着法治的轨道运行。

第三节　深度转变政府职能

全球经济发展的实践表明，正确处理政府与市场的关系，是促进市场交易和经济繁荣发展的一大要素，是世界每个国家不断探索和努力处理好的一个核心逻辑关系，也是国际经济学、政治学长期以来研究的热点问题，相应地有亚当·斯密的自由主义、凯恩斯的政府干预理论以及后来的新自由主义等多元理论主张。中国自从走上市场经济的发展目标以来，对国有企业、财税体制、所有制结构、价格体制、人事制度等市场体制进行了卓有成效的改革，持续转变政府的经济职能，不断理顺政府与企业的关系，最大限度地赋予企业以经济发展的自主经营权，不断激发企业的活力，才得以创造了让世界惊叹的中国奇迹，经济总量不断扩大，稳步跃上了世界第二大经济体的显著地位。这表明，持续成功的经济建设，必须正确划分政府与市场的合理边界，充分发挥市场在资源配置中的决定性作用和更好发挥政府的作用，尤其是在转变经济增长方式和促进创新型经济发展的新时代背景下，更要处理好这一核心关系。同时，这一点也启示我们，正如政府不断加大面向市场和企业的简政放权、强化服务、加强监管进而全面促进市场经济建设一样，当今我国的社会建设和社会治理，关键也在于重塑再造政府与社会之间的新型关系，本质要求就是政府要持续、深度转变传统的社会管理职能，将本来属于社会的事务回归社会，加大向社会和民众的赋权力度，尤其是要大力培育社会组织和社区组织，让社会组织承接政府转移出来的社会服务职能，革新公共服务供给模式，不断满足多元化、多层次的社会服务需求；让社区基层民众自治解决小范围的公共事务，全面形成政府治理与社会自治有机结合的公私合作跨界治理新格局，激发社会自身的潜力和活力。据此，深度、持续转变政府职能，加大对社会和民众的赋权力度，建立健全社会力量参与社会治理的通道和机制，依法构建科学、合理的政社关系，强化社会成长与社会自治，依然是我国创新社会治理体系的核心战略选择。在此重点阐述一下社会赋权的路径选择问题。

“赋权”一词最早来自阿马蒂亚·森的《贫困和饥荒》，也可译为“增权”“增能”，认为能力的剥夺和机会的丧失是导致个体贫困的根源，只有政府不断充实个人或群体的权力，尤其是针对弱势群体，才是帮助贫困者走出贫困的正确战略选择。一般研究表明，赋权思想及其理论主要应用于专业化的社会工作领域当中，旨在增强案主自我解决问题的权力和能力。社会质量理论认为，社会赋权应该重点关注人们全面参与社会互动的能力状况，聚焦于个体的潜能（知识、技能、经验等）及其可实现的程度，关注通过参与互动提升人们的社会权利、认知权利和生活质量。赋权不仅关注弱势或特殊群体（妇女、少数民族、男女同性恋者等），还关注社会对全体公民的赋权。赋权意味着使公民能够控制自己的生活，能够利用机会，增加人们的选择空间。对此，美国学者戴维·奥斯本、特德·盖布勒、彼得·普拉斯特里克等对赋权提出了组织赋权、雇员赋权、社区赋权三种方式的划分和解释。据此，笔者以为，借助社会赋权的理论思想来推动我国政府职能的深度转变，进而重构新型的政府与社会（社会组织、公民）之间互补与共生关系，就成为我国创新社会治理的根本性任务。主要做好以下两点：

一、加大政府向社会组织赋权

政府向社会组织的赋权，是指政府采取措施推动社会组织成长和能力建设，从而能够独立地或与政府合作来满足社会需求。改革开放以来，面对日益增加的社会问题和公共服务需求，中国政府自觉地放弃了全能政府的角色，而转向市场的、社会的和混合性的冲突解决和服务提供方式。相应地，政府对社会组织的管理方式也从传统的严控型、集权化的管理方式逐渐转向柔性化、激励引导、适度赋权的制度化分权型管理。特别是自觉的十六届六中全会提出“健全社会组织，增强服务社会功能”的方针以来，不断创新社会组织的相关管理制度，健全扶持政策，社会组织得到了快速发展，在提供公共服务和解决社会问题中的作用日渐凸显。但是，在政府与社会组织关系中，社会组织缺乏政治合法性、独立性和自主性，一直是我国制约社会组织有效发挥社会治理主体作用的瓶颈性问题。因此，政府在转变职能过程中，按照“权责对等”的原则，赋予社会组织更大的“权力”和“权利”，打造政治合法、独立自主运作的社会组织体系，就成为创新社会治理体系的重要内容之一。一要，党和政府要赋予社会组织应有的政治权力。首先要在坚持党的领导的前提下，理性认识合法的社会组织对国家治理有效性的正面功能和作用，承认由社会组织构成的社会权力的客观存在，加快社会组织发展的立法工作，要给予社会组织政治合法性，要通过从社会组织中发现、培养和任用党外代表人士的方式把社会组织纳入政治体系之中，增加社会组织代表性人士在各级人大代表和政协委员中的比例，把社会组织构建成为政治参与的重要渠道，加大面向社会组织的党外干部提拔数量，从而全面确立社会组织应有的政治参与权力。二要，创造条件并赋予社会组织参与社会建设与社会治理的权利。将政府“职能转移”和“资源转移、权利转移”相结合，从经济上、资源上、组织上要加大对社会组织的支撑力度，支持社会组织以社会治理主体的身份开展社会服务活动，进一步增强社会组织在社会管理、化解矛盾、公共服务等领域独立运作的能力和作用，特别是对承接政府公共服务职能的社会组织，在经费使用方面要赋予更大的经济自主权，政府可通过设定质量要求、流程标准、绩效考核方法、审计和其他要求，以激励和引导社会组织去注重绩效。

二、加大向社会公民(或特殊群体)的赋权力度

按照权利公平、机会公平、规则公平的原则，加大政策和制度创新，依法赋予和保障全体社会公民的生存权和发展权，最大限度地激发社会个体的内在活力，最大限度地提升民众的获得感和幸福感，是创新社会治理的出发点和落脚点，更是实现社会治理现代化的重要路径选择。根据当前我国存在的主要社会问题来看，政府需要在以下几个方面强化对公民的赋权力度：一是充分保障农民工群体的城市服务共享权。当前我国分布于大中城市中的近 2 亿农民工群体，还无法与拥有城市户籍的居民一样公平地享受城市公共服务而形成的新二元结构，是当前及未来一段时期制约我国社会治理现代化的一个重大问题。实际上，一个人不管居住在农村，还是在城市，在政治、经济、文化、服务等各个领域享受的权利应该是平等的。因此，当务之急是要进一步深化传统城乡户籍制度的改革创新，依法赋予农民工这一庞大群体共享城市公共教育、医疗卫生、保障住房、社会福利等公共服务的共享权以及正常表达利益需求的政治参与权，在城市包容与成果共享中不断促进多元

社会的和谐。二是充分保障贫困者或弱势群体的基本生存权和发展权。在继续整合资源、加大社会救助以及对最低生活保障的基础上,针对贫困社区和不同弱势群体的需求,通过设施更新、社区营造、技能培训、心理咨询、信息知识援助等方式,创新社会扶贫方式,为贫困者或弱势群体提供基本的生存保障和基本公共服务体系,努力帮助贫困人口和弱势群体在共享国家整体利益成果的同时,主动培养和建立自我发展能力。

第四节　健全社会治理机制

为了建立一个和谐有序的社会,就得有一套完整而有效的运行机制,以便更加有效地整合各类资源、提供社会服务、化解社会矛盾和应对社会危机。实际上,社会治理创新的核心就是不断革新和完善现有的社会治理体质机制,达到政府、社会、市场、公民等多元主体之间的优势互补和协同行动,实现社会福祉的最大化和普遍化。可以说,顺应时代发展的阶段性特点和现实需求,不断健全、完善和优化现有的各种治理机制,是创新社会治理体系的核心所在。从我国当前社会治理机制建设的现状与趋势来看,应该需要进一步完善和发展的社会治理机制包括六个方面:

一、疏通利益表达渠道,依法构建规范、理性的社会宣泄机制

宣泄机制是一种"社会安全阀",是一种能够及时疏导群众中的不满情绪、排放社会中积累起来的各种冲突因素的机制,这对普遍存在社会焦虑情绪的中国社会来说,具有重要的意义。这主要包括利益表达和公众参与两个方面:

(一)构建畅通、合理的民众利益表达机制

主要包括:一是创造平等化的利益表达权利格局。平等化的利益表达权利,是完善利益表达机制的关键,也是公民的法定权利和社会公平正义的核心所在,但关键在于通过制度安排保证弱势群体实现政治权利的平等和利益表达机会的平等,消除强势群体、弱势群体和中势群体在话语权上的不平等现象。二是构筑合理化的利益表达渠道。利益表达渠道不仅要完善,更要注重利益表达的质量。为此要

继续强化群众来信来访、大众传媒读者来信(报刊、广播、电台、电视、政府网站设立民意专栏或频道等)、各部门公布投诉电话等工作,适当开辟各种形式的社会协商对话渠道。三是依法规范和引导市民采取理性的利益表达和行为宣泄方式。宪法规定,公民享有集会、游行、示威等权利,但这种权利的实施是以遵守规则和程序的理智型利益表达为前提。在加大社会治理法治化进程中,不断完善利益表达的法制体系建设,依法规范和细化民众利益表达的内容、范围、方式、组织形式、准则和程序等,引导利益表达的理性化、常态化和秩序化。

(二)健全规范有序的民主化决策和公众参与机制

让更多公众参与政府的公共决策过程,做到公共决策科学化和民主化,是反映民情民意,促进社会公平公正的重要举措。各级政府应建立健全民众利益诉求和政治决策参与的制度性平台,包括民意调查制度、重大决策的社会咨询制度、政府信息公开制度、听证会制度、官民协商谈判制度等,让各种利益群体代表在自身利益攸关的公共政策制定中有话语权,特别要注意流动人口、失地农民、下岗工人、残疾人等贫困群体的参与权,以保证每一项政策的出台与民众心理承受能力相适应,最大限度地增加民众对公共政策的认同和支持。

二、以创新立法和法治为先导,构筑全方位的社会监督机制

现代民族国家的有效治理,离不开法律的力量。为此,加大社会治理的立法工作,尊重法律权威,全面构筑人人守法的法治社会,是实现社会治理体系现代化的必要条件。因此,在对广大社会民众实施依法治理的基础上,如何创新方式方法,对拥有权力的政府机构和执法部门加强监督,是实现社会治理有效性的一个先决条件和重要保证。

(一)法律监督

在国家相关法律方针的指引下,积极制定地方性的行政监督法或行政监督条例,使法律监督机关在进行相关工作时有法可依,有章可循;建立监督预防职务犯罪机制,尤其是要完善对党政"一把手"的监督约束机制,从制度上、体制上保证监督的有效进行,严防依靠权力的职务犯罪和政府腐败。司法监督应该站在维持社会公平、正义、公道的立场出发,追求司法公正,维护广大民众的各项合法权益,特

别是在处理公民与政府之间、劳资关系矛盾过程中，保护弱势群体的合法权益，注重监督和促使政府依法行政、依法治理。

（二）媒体舆论监督

加快新闻媒体舆论监督的立法工作，依法强化和保障新闻媒体的舆论监督职责，依法保护广大民众的知情权、保护记者的采访权和大众传媒对各种不良现象的评论权，让媒体发挥民众不满情绪的“减压阀”作用。与此同时，要依法明确各党政机关就某些重大问题接受媒体记者采访的义务，提高党政机关和公务员队伍对新闻监督和群众监督的承受力。

（三）“中间状态”廉政监督机制

所谓“中间状态”就是属于犯罪和违纪的边缘交叉状态，是指不够起诉条件的轻微犯罪或处于犯罪预备阶段的公职人员。对这些“中间状态”群体的有效监督，是预防腐败的关键环节。建议政府积极借鉴香港地区的廉政训诫制度，设立公职人员廉政训诫式谈话制度，并对谈话人员和谈话内容通过媒体公开报道，充分发挥社会监督的力量。

三、多元并举，构筑社会公平的社会保障机制

作为再分配范畴的社会保障，具有调节收入分配、缓解社会经济发展过程中的机会不均等、促进社会公平公正等作用，是防范社会风险的安全网。对此应注重以下机制建设。

（一）国家基本保险全覆盖机制

目前，我国以养老、失业、医疗保险和最低生活保障为主的社会保障制度框架已基本建立，这对实现社会和谐稳定与全面建成小康社会至关重要，但保障范围有限、保障水平参差不齐仍然是我们面临的主要问题。因此，伴随着我国经济不断发展，要不断调整国家基本保障制度的范围和标准，兼顾公平与效率，推动国家基本保障“广（或全）覆盖”，让每一位为国民经济发展做出贡献的公民，都能分享经济发展的成果，平衡城乡居民之间的利益关系。

（二）商业保险与风险转移机制

从世界各国的经验看，基本社会保险、企业补充保险和商业保险是保障体系的

三大支柱。通过商业保险提供损失补偿,可以帮助人们有效转移和化解生产经营或生活中的各种风险,促进经济与社会稳定发展。为此,应支持和鼓励保险业发展,做大做强保险产业,特别是要充分运用保险的风险转移机制,引导企业开辟预防自然灾害或突发事件的巨灾保险,以及个人风险转移的其他保险(住宅抵押贷款风险转移、医患风险赔偿转移机制、贸易信贷风险转移机制等),真正有效地为保障民众生活提供高质量的风险转移和保险服务,为社会稳定构筑长远、密集的“安全网”。

(三)家庭、社区、民间救助与公益服务机制

依托城乡基层单元,在区县、街镇普遍设立慈善超市或公益服务机构,完善“救助超市物流配送管理”功能,为生活困难群体提供救助服务。按照“整合做强、调整做全、协作做精”的原则,依托机关、企事业单位、各类社区民间组织和义工队伍,全面发展扶弱助困、医疗保健、社区老年福利、培训教育等公益服务项目,满足居民群众的公益需求,促进和谐社区建设。

四、公私合作,完善公共服务的多元供给机制

随着我国人民生活水平的不断提高和富裕,我们正面临从生存型社会向发展型社会的转变,人们会对包括公共服务、精神享受、环境质量等发展型需求提出更高的要求,特别是对有质量的公共服务,成为最重要的现实需求内容。为此,重塑政府的公共服务角色,与非营利的社会组织和市场组织形成跨界合作体系,扩大公共服务的供给量,提升公共服务质量,满足民众日益扩大的公共服务需求,是创新社会治理的核心任务之一。为此,重在强化如下几点:

(一)建立公共服务财政投入的稳增长机制

根据新的国家治理和政府职能转型要求,在公共服务的供给中,政府不宜或不再承担公共服务直接生产者的角色,而更多地要发挥公共服务供给者、监管者的角色,一般通过政府财政的资助、补贴或政府购买服务的方式,让社会组织承担服务生产者的职能,这充分表明政府依然承担公共服务的重要职能,而稳定的财政投入是扩大公共服务供给的重要保障。因此,在创新社会治理和扩大公共服务供给的过程中,要求政府改革传统的财政分配机制,优化公共财政支出结构,增加对民众

基本公共服务和发展型公共服务的投入比例，更为重要的是，要建立公共服务投入随国家经济增长而保持同步增长的稳定投入机制，确保公共服务的公共性、公益性和公平性特征。

（二）健全和完善政府购买公共服务机制

综观世界各国的做法，建立健全政府购买公共服务机制，充分借助市场和社会组织的力量，合作供给公共服务，让社会力量全面参与社会治理，是一个普遍的经验。对此，我国不同地方政府在积极试点并取得显著成效的基础上，2014 年 12 月 15 日，由财政部、民政部和国家工商总局联合发布的《政府购买服务管理办法（暂行）》，对政府购买服务的基本原则、购买主体和承接主体、购买内容及指导目录等内容做出了明确的规范和要求。未来一段时间，应该进一步完善和细化这一制度体系，在不同层次搭建统一的政府购买服务平台和数据库，整合分散于多个购买主体的资源，完善购买方式程序，强化绩效管理，进一步发挥该机制在深化社会领域改革、推动政府职能转变、激发经济社会活力、促进就业、增加公共服务供给中的功能与作用。

五、以民为本，健全社会矛盾化解机制

当前的群体性矛盾从本质上看，是发展中的问题，是发展不平衡带来的问题。能否以民为本，有效化解社会基层矛盾，是检验执政能力的重要标准之一，也是创新社会治理的重要任务。

（一）信访首访责任机制

信访是当前反映和化解矛盾的主要渠道之一。在受理信访工作环节中，以解决问题为目标，以方便群众为要求，一方面全面实行错时工作制（做到 8 小时以外、休假日也有人接待群众信访）、信访承诺制（事事有回音、件件有答复，答复率达到 100%）、巡访接待制［深入社区和居（村）委会，定期设点，巡访接待，受理群众信访，变群众"上访"为官员"下访"］，另一方面将"分级""归口"与"一办到底"的首办责任制结合起来，运用行政、经济、法律、道德等多种手段有效解决基层各类信访事项，以最大限度地减少重复和盲目信访的发生。

（二）多元矛盾差别化调解机制

要多策并举化解矛盾，关键在于找准切入口，切入口就是不同矛盾的差异性。在基层矛盾化解过程中，建立健全多元矛盾的差别化调解机制，要对每个矛盾进行具体情况分析，弄清问题的症结，特别是要从每个当事人的家庭情况入手，分析其家庭成员、家庭关系和生活、工作、学习状况等各个方面的差异性，依此来寻找解决问题的突破口。

（三）社会化自主调解机制

对社会基层矛盾，除了行政调解和司法调解（仲裁）之外，应注重建立社会化的自主调解机制，支持和强化"人民调解工作室"，特别应发挥民间团体、行业协会，以及街镇、社区群众自治性组织的矛盾自主化解职能，力争通过非诉讼渠道有效化解基层社会矛盾，最大限度地增加社会和谐因素。

六、注重社会心态调查研究，构筑城乡社会预警与应急联动机制

社会预警机制是对社会运行状况发出信号，显示社会已经或即将发生无序现象的临界状态，以期引起社会管理者和社会公众的注意，及时采取对策，使社会运行状态不再继续恶化的一套制度和方法，它是维护社会安全稳定的保护网。健全的社会预警机制，再配合联动化的应急机制，才会从根本上维护社会的整体稳定与有序发展。

（一）社会心态调查研究机制

经济、政治、文化的变动是影响风险发生的根源所在，但经济、社会与政治领域的非良性发展对社会稳定的影响始终以社会成员的主观感受为作用渠道。因此，有必要建立健全社会心态调查研究机制，定期调查城乡居民的社会心态，了解各阶层群体对改革措施、政府工作和物价、收入分配、社会风气、社会秩序等问题的看法，通过建立科学、客观、公正的社会心态指标体系、统计方法、观测分析方法、风险预测等，制定正确有效的诱导和干预措施，做到防患于未然。

（二）社会风险预警量化与预报机制

通过制定社会预警量化指标体系及其分析，重视和强化社会舆情研究，及时发

出社会稳定的预警,是预防社会公共危机的科学方法。预警指标体系的选择要充分考虑社会发展特征和影响社会稳定的主要因素,不仅应该包括社会发展的客观指标,更应该把民心、民意反映在其中。但在完善的社会预警指标体系建立起来以前,应当对若干核心指标做前期研究,它们是物价上涨指数,失业率,经济犯罪案件涉案者中国家公务员的比重,请愿、上访、学潮、工潮发生数等。

(三)风险前馈控制机制

大多突发事件的发生都是前期矛盾不断酝酿、积累、爆发的结果。因此,建立健全前馈控制机制,注重突发事件的情报信息工作,及时应对,力争在突发公共事件发生前把问题解决在萌芽状态之中。

(四)信息收集与公开共享机制

公共危机一旦发生,信息的获取是非常关键的要素,特别是对危机信息的及时收集、准确分析等,常常决定着危机事件能被有效处理。在危机事件发生时,一定要通过顺畅的信息采集通道和网络系统,使政府能够在第一时间获得危机发生的时间、地点、范围等基本情况,以便做出最快速的指挥协调、部门联动应急响应。在此过程中,媒体的信息披露、大众传播及意见沟通不可或缺,要避免媒体的缺失或者沉默,媒体要及时、真实、客观、全面地报道事件,做好与政府、社团、市民之间的沟通,充分满足市民的新闻知情权,以防止民众不知情而造成谣言四起、人心惶惶,甚至带来"人祸"的局面。

(五)统一指挥和快速联动机制

处置突发事件是一个系统工程,需要各职能部门协同配合和共同努力,在党委、政府统一领导下,充分发挥各自的职能作用,做到整体联动,不失信、不错位、不越位。这是真正建立应急联动机制并有效处理突发事件的核心所在。

(六)现场管理和移动救援机制

重特大型社会公共危机事件发生时,一般都会造成巨大的财产和生命安全损失,实施以人为本的现场和移动救援,成为高效处置危机的重要保障。因此,在现场处理危机事件时,政府、媒体、社会力量、市民之间要紧密配合,政府相关职能部门要发挥主导力量,全力救援,同时在信息公开的情况下,要充分动员社会民间组织也到现场帮助救援或对受害人进行心理干预，共同控制危机事态的扩大与发展。而更为重要的是，在省、市、区等层面上，建立健全“救援物资储备体系”和“紧急救援中心”，保证将受伤人员进行及时的转移救援，以最大限度地减轻生命损失。

（七）危机总结与评估机制

重大危机事件结束后，要及时地进行危机总结，充分发挥危机评估系统的作用，对危机后果、将来的形势动向进行分析评估，借以弥补危机暴露出的管理漏洞和工作失误，全面升级危机管理工作体制和机制，并排除潜在的危机。同时，加强对民众的危机教育、学习和训练，进一步提升社会反危机和自救互救能力。

第五节　调整与优化社会结构体系

社会结构是指一个国家或地区占有一定资源、机会的社会成员的组成方式及其关系格局，包含人口结构、家庭结构、社会组织结构、城乡结构、区域结构、就业结构、收入分配结构、消费结构、社会阶层结构等若干重要子结构，其中社会阶层结构是核心。各国的发展经验表明，中产阶级已成为西方国家推动现代化社会发展、引导社会消费、稳定社会形势、定型社会规范及主流社会价值观的社会结构的主体力量，中等收入者占大多数的社会，即两头小中间大的“橄榄形”或“纺锤形”社会，是比较稳定的社会，也是理想的现代化社会结构。而中国的经济体制转型和社会转型，使得我们正处于社会矛盾与冲突凸显期，这与我们特有的社会结构特征具有一定的内在关系。到底中国的社会结构呈现什么样的特征，社会学者们从现代化逻辑、制度主义逻辑、权力逻辑、财富分配逻辑、风险分配逻辑等视角，对中国社会阶层结构进行了研究，得出了不同的阶层类型与社会结构特征，如有的认为我国的社会结构是一种断裂的社会结构，有的认为中国社会结构呈现“倒丁字形”结构，有的认为当前中国的社会结构滞后经济结构约 15 年。可见，研究结论不尽一致。但不论如何，经历了 40 多年的改革开放和市场经济发展的当今中国，社会结构阶层化、利益关系市场化、社会贫富两极化、阶层固化、中等收入群体偏小、弱势群体边缘化、农村贫困代际传递等问题，成为经济新常态和新型城镇化发展面临的重大结构性问题，这些也构成了社会群体矛盾与冲突的基本特征。因此，如何采取有效的

社会政策,不断优化社会结构体系,理应成为社会治理创新的重要任务之一。具体而言,重点需要优化以下三个结构:

一、继续优化人口结构

人是社会的主体,也是社会治理的主要对象之一,对一个国家或城市而言,合理的人口结构是促进经济增长、激发社会活力的重要基础。目前,我国劳动年龄人口已经开始减少,年轻劳动力出现急剧萎缩,同时养老负担加大。资料显示,2011年,我国15岁至59岁劳动年龄人口达到峰值9.4亿后开始回落。2014年降至9.3亿。60岁及以上老年人口则从2010年13.3%提高到2014年的15.5%,总量达2.12亿人。对此,国家已经实行了全面放开二胎的人口生育政策,经过若干年发展之后,人口老龄化现象将会得到一定程度的缓解。当下,当务之急就是要从全面放开二胎的社会实际需求出发,要配套实行旨在保护女性职业发展、健全家庭抚养社会支持体系、幼儿教育设施供给、规范化的家庭服务产业等系列政策,确保全面二胎政策的有序运行。与此同时,市场与行政相结合,加大特大城市人口结构的调控力度,实现外来人口的有序增长。

二、调整收入分配结构

收入分配结构是社会结构的一个核心内容,众所周知,近年来我国不同群体之间、不同行业之间、不同地区之间出现的持续拉大的收入差距,成为社会不平等的重要表现,也成为引发社会矛盾和社会冲突的一个根本原因。因此,按照初次分配和再分配都要兼顾效率和公平的基本原则,继续深化收入分配制度的改革,逐步提高居民收入在国民收入分配中的比重,提高劳动报酬在初次分配中的比重,提高广大民众的家庭财产性收入,规范收入分配秩序,稳步增加低收入群体的收入水平,是从根本上优化社会结构、促进社会公平与和谐的一项基础性举措。同时,要下力气扩大中等收入群体的比重,为中国成功跨越“中等收入陷阱”创造有利条件。

三、统筹协调城乡二元结构

城乡分离的二元社会结构,是我国长期以来形成的一个基本国情,既造成了城乡社会的不平等抑或对立冲突,更成为制约实现中华民族伟大复兴中国梦的一个重要体制性因素。例如当今我国近3亿的农民工群体,已经在城市居住就业,但由于没有城市户籍而无法平等享有城市公共服务,导致“城市病”和“农村病”并存,极大影响了以人为本的新型城镇化发展。因此,要从户籍制度、土地制度、财政制度、金融制度、规划制度、管理制度等方面入手,综合改革,配套实施,努力构筑城乡生产要素自由流动、市场化配置的城乡一体化制度体系,让城乡居民共享经济发展的成果,促进城乡社会的包容性发展。

第六节　完善社会公共政策

所谓社会政策,是指以公正为理念依据,以解决社会问题、保证社会成员的基本权利、改善社会环境、增进社会的整体福利为主要目的,以国家的立法和行政干预为主要途径(但不是唯一途径)而制定和实施的一系列行为准则、法令和条例的总称。有效的社会政策,能够有效调整社会利益关系、化解社会矛盾、激发社会力量,进而政府与社会以及与公民形成一种合作共事关系、促进社会和谐。尽管改革开放以来,我国围绕社会保障、就业、教育、住房等问题出台了很多社会公共政策,有效改善了社会关系和社会福利,取得了有目共睹的成就,但伴随着我国全面进入新型城镇化、新常态的发展时期,社会公共政策开始呈现有些政策陈旧过时、多政策相互打架、不衔接不配套、决策民主化不够等诸多问题,总体上还不够成熟与完善,在一定程度上制约了创新社会治理体系的进程与程度。为此,需要从以下三方面出发,对社会公共政策加以不断完善与创新:

一、更新社会公共政策

在社会政策领域,有很多政策是在二三十年前制定的,已经无法适应当今社会发展的新情况、新问题,需要进行及时更新与完善,坚决破除阻碍社会发展的人为障碍,清理废除过时的政策规定,以便跟上社会和时代发展的需要。对此,党的十八届三中全会以来,中央和一些地方政府积极行动,对明显不符合时代发展要求的一些法律法规和政策,进行了及时清理和废除,取得一定成效。如深圳市在2015年发布实施了《深圳市规章和规范性文件清理办法》,要求政府部门主动、及时、定期清理,或修改完善不合时宜的政策。这启示我们,在全面深化改革、不断创新社会治理的进程中，从全国层面出发，结合政府职能转变的要求，全面建立法规政策及时清理制度，对已经明显不适应社会发展新情况的一些政策实施清理、废除或修订工作，为社会治理提供最为基本的上层建筑保障。

二、健全社会公共政策

在此所说的健全社会政策，主要指社会变迁速度明显快于社会制度建设速度，致使社会上出现诸多公共问题无法可依的监管空白状态，要及时地研究制定和完善有针对性的社会管理制度或政策，促使社会政策与社会发展相配套。这主要体现在互联网技术的快速蓬勃发展，对经济方式、生活方式、交往方式、思维方式带来许多颠覆性的影响，出现了很多不同以往的新经济业态、新传播方式、新交流方式，随之产生了很多传统社会所没有的社会问题，如网络犯罪、电信诈骗、网络金融风险、网络炒作等，都面临着专门法律缺失的治理困境。同时，在社会治理的一些重要领域中，依然存在缺乏权威性法律法规的问题，如社会组织发展、社会志愿服务、社会工作者培养、社会救助、社会包容等领域，如何进一步完善法律法规体系建设，增强政策的完善性、权威性、配套性，是社会公共政策改革创新的重要任务。

三、创新社会政策决策及运行机制

从决策和运行的角度来看，当前尽管我们已经制定了很多社会政策，但决策和运行机制上存在欠缺，使得社会治理的实际效果不尽如人意。为此，一方面，要完善社会政策的科学决策机制。创新公众参与的方式方法，加大社会公众在社会政策制定中的参与力度，尤其要努力保障弱势群体在政策制定中的参与机会和话语权，提高政策决策的民主化水平，使得一些公共政策更加符合广大民众的实际需求，增强政策的针对性、有效性和长效性。另一方面，要建立健全社会公共政策的运行机制，包括政策的预调研、执行评估、后评估等机制，确保政策与时俱进、执行到位，促进社会民生的不断改善和社会总体进步和谐。

参考文献

[1] 邓国胜. 非营利组织评估[M]. 北京:社会科学文献出版社,2001.

[2] 邓伟志. 创新社会管理体制[M]. 上海:上海社会科学院出版社,2008.

[3] 丁元竹. 社会发展管理[M]. 北京:中国经济出版社,2006.

[4] 风笑天. 社会管理学概论[M]. 武汉:华中科技大学出版社,1999.

[5] 冯必扬,严翅君. 当代中国社会管理研究[M]. 哈尔滨:黑龙江人民出版社,2001.

[6] 冯必扬. 不公平竞争与社会风险[M]. 北京:社会科学文献出版社,2007.

[7] 何增科. 中国社会管理体制改革路线图[M]. 北京:国家行政学院出版社,2009.

[8] 黄舜. 中国社会管理研究[M]. 北京:民主与建设出版社,2007.

[9] 詹姆斯·N. 罗西瑙. 没有政府的治理[M]. 张胜军,刘小林,译. 南昌:江西人民出版社, 2001.

[10] 柏拉图. 理想国[M]. 郭斌和,张竹明,译. 北京:商务印书馆,1986.

[11] 亚里士多德. 政治学[M]. 吴寿彭,译. 北京:商务印书馆,2009.

[12] 马基雅维利. 君王论[M]. 徐继业,译. 北京:西苑出版社, 2004.

[13] 霍布斯. 利维坦[M]. 黎思复,黎廷弼,译. 北京:商务印书馆,1985.

[14] 洛克. 政府论[M]. 叶启芳,瞿菊农,译. 北京:商务印书馆,1964.

[15] 卢梭. 社会契约论[M]. 何兆武,译. 北京:商务印书馆,2003.

[16] 戴维·伯恩斯坦. 如何改变世界:社会企业家与新思想的威力[M]. 吴士宏,译. 北京:新星出版社,2006.

[17] 丹·赛诺,索尔·辛格. 创业的国度:以色列的经济奇迹[M]. 王跃红,韩君宜,译. 北京:中信出版社,2010.

[18] 莱斯特·M. 萨拉蒙. 全球公民社会:非营利部门视界[M]. 贾西津,魏玉,译. 北京:社会科学文献出版社, 2002.